D1720111

Es ist nie zu spät, Barbara!

MARY STOLZ

Es ist nie zu spät
Barbara

Jugend HEUTE
Internationale Verlagsgesellschaft mbH

Einband von H. Müller - Schönbrunn
Übersetzung aus dem Amerikanischen von K. Stromberg
Titel der Originalausgabe: Good bye my Shadow
(Verlag: Harper & Brothers, New York)

ISBN 3-7004-1063-8

Am Nachmittag des Heiligen Abends begann es zu regnen. Barbara Perry, die alles persönlich nahm, stand am Fenster des Eßzimmers und blickte vorwurfsvoll in den triefenden Garten. Er sah so blank, so grau, so unsagbar naß aus. Sie starrte durchs Fenster, als könne ihr Blick den Regen zum Nachlassen zwingen oder — besser noch — in Schnee verwandeln. War da nicht schon eine Spur von Weiß in den niederfallenden Tropfen — fingen sie nicht schon an, leicht dahinzutreiben? Hatte dieser trügerische Nachmittag noch Zeit, sich zu besinnen, und war der Abend doch noch zu retten? Zwei Uhr. Um acht sollten sie Weihnachtslieder singen gehen. Ja, wenn es kälter würde, wenn dieser Regen endlich als Schnee fallen wollte, konnte der Abend wie geplant verlaufen. Aber dazu mußte umgehend etwas geschehen. Barbara trat so dicht ans Fenster heran, daß ihre Nase das kalte Glas berührte. Die Scheibe beschlug von ihrem Atem. Unablässig fiel der Regen auf den Garten nieder.

„Das ist nicht anständig", murmelte Barbara, „das gehört sich einfach nicht."

„Was denn?" fragte ihre Mutter, die gerade auf der Anrichte einen Strauß aus Heidekraut und Stechpalmenzweigen mit Christbaumkugeln dekorierte. Ein Zeitungsartikel über Blumenarrangements hatte angeraten, man solle kühn sein, der Phantasie freien Lauf lassen. Es sei nicht abzusehen, was für ungewöhnliche Effekte sich auf diese Weise erzielen ließen. Der Effekt, den Mrs. Perry jetzt erzielt hatte, war eher unordentlich als ungewöhnlich, und sie hatte den Eindruck, daß solche Artikel nicht gerade für Frauen geschrieben wurden, die wie sie Spargelkraut liebten, obgleich sie es aus Sträußen immer entfernte. „Was hältst du davon?" fragte sie ihre Tochter, die sich vom Fenster abgewandt hatte.

„Was ist denn das für Zeug?"

„Eine besondere Art Heidekraut."

Barbara schüttelte den Kopf. „Mir gefällt es nicht recht. Es sieht irgendwie trocken aus."

„Vermutlich kann es sich eben nicht jeder leisten, seiner

Phantasie freien Lauf zu lassen", meinte Mrs. Perry resigniert. Sie verteilte die restlichen Christbaumkugeln wahllos auf die Stechpalmenzweige und stellte die Vase mitten auf den Tisch. „Es muß trotzdem gehen."

„Aber ja." Barbara war nicht imstande, sich darüber Gedanken zu machen. „Mutter, ich sagte, es regnet."

„Wirklich, mein Herz?" Mrs. Perry wartete. Ihr Blick glitt über die Tischdekoration und wieder zurück zu Barbara, die ebenso hübsch wie empört aussah. Nichts als Augen, dachte ihre Mutter. Und wie genau sie weiß, was ihr steht! Sie benutzt nur eine Spur Lippenstift, damit ihre Augen besser zur Geltung kommen. Barbara kennt ihre Wirkung recht gut.

Barbara war tatsächlich sehr hübsch, aber anscheinend in einem Dauerzustand von Unzufriedenheit. Und Mrs. Perry wußte nicht, was sie dagegen unternehmen sollte. Immer wieder hatten sie und ihr Mann versucht, sich mit Barbara auszusprechen, um ihr zu helfen. Mrs. Perry wußte sehr wohl, wie lästig und ergebnislos das „Wir meinen es ja nur gut mit dir..." meist war, und dennoch — wenn es nun wirklich sein Gutes hatte? Sie seufzte unhörbar. Solche Gespräche hatten weder sie noch Barbara weitergebracht. Es schien, als wäre sie weder der Liebe noch der Logik zugänglich. Wahrscheinlich konnte man nichts anderes tun als warten. Ja, und hoffen. Aber es war schrecklich, mitansehen zu müssen, wie aus einem natürlichen und liebevollen Geschöpf — gleichviel, ob es nun das eigene Kind oder ein anderes war — mit einem Male ein ichbezogenes, verkapseltes Wesen wurde, das einen nicht an sich herankommen ließ.

„Mutter", meinte Barbara jetzt in dem höflich-nachsichtigen Ton, den sie so häufig ihren Eltern gegenüber anschlug, „ich sage dir, es regnet, und du stehst einfach da und siehst mich an, als wäre das vollkommen gleichgültig."

„Ich habe über dich nachgedacht, wenn dir das etwas nützt."

Barbara sah einen Augenblick lang etwas unbehaglich aus, dann aber meinte sie: „Daß es entweder zu regnen aufhört oder zu schneien anfängt, ist das einzige, was mir jetzt nützen kann. Sonst ist alles verdorben."

„Na, na", lenkte ihre Mutter ein, „wirklich alles?"

„Alles", entgegnete Barbara ernsthaft. „Wie können wir denn im Regen Weihnachtslieder singen?"

„Gar nicht."

„Und selbst wenn dir unsere Enttäuschung gleich ist, das heißt, wenn all unsere Pläne dir nichts bedeuten, dachte ich doch, es würde dir des Geldes wegen leid tun. Schließlich wollen wir das Geld dem Verein zur Bekämpfung der Herzkrankheiten geben, und man sollte wirklich glauben —"

„Barbara", unterbrach sie ihre Mutter, „Halt, mein Liebes. Alles, was du sagst, klingt so...", sie suchte nach einem passenden Wort, „so wenig überzeugend. Ich weiß, daß ihr das Geld für einen guten Zweck stiften wollt, und ich finde es auch sehr nett, daß ihr Weihnachtslieder singen wollt, um anderen zu helfen. Aber, mein Liebling, es ist doch töricht, dir vorzumachen, daß du dir wegen dieses Vereins Kummer machst..." Mrs. Perry unterbrach sich. Was habe ich nur, fragte sie sich erstaunt. Was ist schon dabei, wenn sie vorgibt, daß die paar Dollars, die den Herzkranken verlorengehen, sie so zornig machen, und nicht der Streich, den man ihren ganz persönlichen Plänen spielt? Du lieber Himmel, bin *ich* denn immer so aufrichtig? „Entschuldige..." fing sie an, aber Barbara hatte sich schon in ihren nervösen Hochmut zurückgezogen.

„*Ich* muß dich um Verzeihung bitten", sagte sie kalt, „weil ich so *wenig überzeugend* war, wie du es nennst. Und jetzt wirst du mich wohl entschuldigen, Mutter..." Sie ging die Treppe hinauf, während die Mutter ihr hilflos nachsah.

Ja, aber das Schlimmste ist doch, dachte Mrs. Perry, daß ich all das tue, ihr all diese überflüssigen Dinge sage, weil ich etwas anderes damit bezwecke: Ich möchte, daß sie glücklich ist, daß sie endlich aufhört, so unzufrieden zu sein. Und weil ich es anscheinend nicht fertigbringe, ihr auch nur im mindesten zu helfen, hake ich bei jeder Kleinigkeit ein und erreiche damit nur, daß sie sich mir immer mehr entzieht. Warum meine ich bloß, daß Barbara das alles weiß und es nur nicht zugeben will? „Es ödet mich fürchterlich an", hatte sie einmal zu ihrem Mann gesagt, „wenn die Leute vor der Kunst und der Wissenschaft Mund und Augen aufsperren, ihre Leistungen als

Wunder bezeichnen und sich fragen, wie es nur möglich ist, so etwas zu schaffen, während doch der Mensch selbst und sein Erwachsenwerden das wirkliche Wunder ist. Wie das zuwege kommt, werde ich nie begreifen."

„Das hängt davon ab, was du unter ‚erwachsen' verstehst", hatte er erwidert. „Es gibt eine erschreckende Anzahl Neurotiker auf der Welt."

„Und es gibt eine ganze Reihe vernünftiger, selbstsicherer und reifer Menschen, und wenn du mich fragst, so finde ich das erstaunlicher als die Akropolis oder die Atomkernspaltung. Ich überlege mir immer, wie ihre Eltern wohl gewesen sein mögen."

„Wessen Eltern?"

„Die Eltern der Erwachsenen, die wirklich erwachsen sind."

„Dir sehr ähnlich, nehme ich an", hatte er entgegnet, und sie hatte gemerkt, daß er es auch so meinte.

„Du bist parteiisch", hatte sie bekümmert gesagt, und auch sie meinte es ganz ernst. Während sie jetzt im Spiegel über der Anrichte die Treppe beobachtete, wünschte sie halb und halb, daß Barbara zurückkommen möge, und war gleichzeitig erleichtert, weil sie es gewiß nicht so schnell tun würde. Und wenn sie wieder erschien, dann würde sie jedenfalls nicht die Beleidigte spielen. Es gehörte zu Barbaras besten Eigenschaften, daß sie nicht lange trotzte. Barbara hatte überhaupt eine Menge sehr reizender Eigenschaften, die nur jetzt durch die ausgeprägte Ichbezogenheit ihrer Entwicklungsjahre etwas ins Hintertreffen geraten waren. Nun ja, auch das würde vorübergehen. Wenn sie an ihre eigene Jugend dachte — und das gelang ihr durchaus, obgleich sie nie mehr mit Barbara davon sprach, die dabei immer entweder zweifelnd oder verlegen dreingesehen hatte —, mußte sie zugeben, daß sie selbst auch recht ichbezogen und verträumt gewesen war und die Existenz der übrigen Menschen nicht so recht wahrgenommen hatte; auch sie hatte sich ziemlich empfindlich und mißtrauisch gegenüber allem verhalten, was ihre Mutter gelegentlich über ihre eigene Jugend geäußert hatte. Ja, sie hatte sogar das Wort „Entwicklungsjahre" gehaßt, erinnerte sich Mrs. Perry, während ihr Blick vom Spiegelbild der Treppe zum Spiegelbild ihrer Tischdekoration hinüberwechselte. Na also! Was soll das eigentlich heißen: na also? Sie wußte es selbst nicht genau, nahm sich aber vor, Barbara nie mehr ein „junges Mädchen in den Entwicklungsjahren" zu nennen — jedenfalls nicht, wenn sie mit ihr sprach.

Sie trat auf die Tischdekoration zu und fing an, sie wieder in ihre Bestandteile zu zerlegen. Einer Phantasie, die Heidekraut mit Stechpalmen und Christbaumkugeln kombiniert, sollte man eben keinen freien Lauf lassen. Man müßte sie hübsch im Zaum halten. Vielleicht war noch Zeit, rasch irgendeine Grünpflanze zu kaufen? Sie warf einen Blick auf die Eßzimmeruhr. Halb drei. Ja, es reichte noch. Sie sah aus dem Fenster, stellte fest, daß der Regen sich in Schnee verwandelte, murmelte empört etwas vor sich hin — sie haßte Schneetreiben —, erinnerte sich dann daran, wie sehr Barbara auf den Schnee wartete, und schon verflog ihre schlechte Laune. Tatsächlich, wenn man die Stechpalme und die Kugeln entfernte, sah der Heidestrauß gar nicht so übel aus. Ziemlich trocken und ein bißchen sehr braun vielleicht, aber doch nicht schlecht; es machte einen eher ein wenig wehmütig und wirkte irgendwie vornehm. Sie ging ins Wohnzimmer hinüber, hängte die Kugeln an den Baum, steckte die Stechpalmenzweige hinter die beiden Kerzenhalter über dem Kamin, machte sich klar, daß es gelegentlich netter war, sich ganz traditionell zu geben, statt phantasievoll zu sein, und entschloß sich, zu Hause zu bleiben. Alles gibt sich schließlich, dachte sie. Es gibt sich wirklich alles — wenn man nur nicht ungeduldig wird.

Manchmal ertappte sie sich dabei, daß sie im Geiste ihren eigenen Namen sagte: *Barbara?* Oder sie flüsterte ihn sogar vor sich hin: *Barbara?* Nicht so, als ob sie nur fragen wollte: „Barbara, bist du's?" sondern so, als stelle sie die Existenz dieses Mädchens überhaupt in Frage und versuche, Genaues darüber zu erfahren. Und so geschah es eben, als sie ihr Zimmer betrat und die Tür hinter sich schloß. *Barbara! Barbara?* summte es in in ihrem Kopf. Sie setzte sich in den kleinen Sessel mit dem goldgelben Cordsamtbezug. Eigentlich erwartete sie keine Antwort. Sie wünschte, sie würde zu denen gehören, die alles leicht und gelassen hinnahmen. Zu denen, die den Regen niederrinnen sahen und sagen konnten: „Schade, aber nichts zu machen!" Denn wenn man es genau besah — was war denn wirklich durch den Regen verdorben? Eben der Plan, Weihnachtslieder zu singen ... Die Erde würde sich nicht langsamer drehen, wenn diese Weihnachtszeremonie abgeblasen werden mußte. Der „Verein zur Bekämpfung von Herzkrankheiten" würde weiter bestehen, und die acht Jungen und Mädchen, die sich zum Singen verabredet hatten, würden am Weihnachtsabend bei ihren Familien bleiben.

Darüber regte sie sich ja auch gar nicht auf. Sie liebte ihre Familie. Ihre Mutter, die hübsch war und mehr wußte, als Barbara jemals zugeben würde. Ihren Vater, der einfach großartig war, und das war er nicht nur in ihren Augen. Jeder, der ihn kannte, war davon überzeugt. Allerdings hatten ihn die anderen auch nicht dauernd um sich und wußten nicht, wie er einem auf die Nerven fallen konnte. Na, egal — er *war* großartig. Und dann ihre beiden jüngeren Brüder. Die waren einfach unbegreiflich. Niemals war ihnen die Zeit zu lang, sie hatten immer etwas vor — etwas, worüber sie sich den Kopf zerbrechen mußten, und man konnte nicht mit ihnen zusammen sein, ohne ein zärtliches, zuversichtliches und hoffnungsvolles Gefühl für die ganze Menschheit zu empfinden. Wie aber sollte man Menschen verstehen, die sich nie langweilten, nie ruhelos waren? Barbara, die zum Träumen neigte und die Zeit oft wie eine Last auf ihren Händen und ihrem Herzen spürte, empfand fast etwas wie Ehrfurcht vor ihren Brüdern und kam innerlich nie ganz mit ihnen zurecht.

O nein — nicht etwa, daß sie den Weihnachtsabend ungern mit ihrer Familie verbracht hätte. Sie geriet nur aus der Fassung, wenn irgend etwas ihre Pläne durchkreuzte. Und heute ging es noch um mehr als das.

Sie stand auf, ging zu ihrer kleinen Kommode hinüber und betrachtete geistesabwesend ihr Gesicht im Spiegel. Sie ertrug es niemals gut, sich in ihren Vorhaben gestört zu sehen, aber heute abend war es ... Oh, es hätte solchen Spaß gemacht, wich sie aus. Dann traf sie ihr eigener Blick aus dem Spiegel. Hatte sie diesem Spiegelbild nicht versprochen, daß sie ehrlich miteinander sein wollten? Also gut. Das, was sie heute abend vorgehabt hatte, war ihr über jeden Spaß hinaus wichtig.

Das Mädchen im Spiegel sah sie fast feierlich an, und Barbara erwiderte den Blick mit dem gleichen Ernst. Sie betrachtete die haselnußfarbenen Augen mit den dichten, schöngezeichneten Brauen darüber, das Oval des Gesichts, das glänzende braune Haar, das sich in natürliche Wellen legte. Das ist alles schön und gut, sagte sie, und du kannst ganz zufrieden sein, aber nun tu auch einen Blick in dein Inneres! Aber das Mädchen im Spiegel schien sich auch weiterhin nur für sein Äußeres zu interessieren, es zwang Barbara, sich ein wenig zu drehen, so daß die schmale Taille noch schmaler wirkte und die klare Nackenlinie erkennbar wurde. Gestern hatte sie ein Kleid gesehen, ein Kleid aus primelgelber Wolle...

Barbara trat vom Spiegel zurück, zornig über ihr eigenes Ich, das lebendige und auch das Spiegelbild. Aber wer kann schon aus dem Spiegelbild sein wahres Ich erkennen?

Sie ließ sich aufs Bett fallen und biß sich auf die Lippen. Ich habe beschlossen und gelobt, wenigstens für ein paar Minuten am Tag aufrichtig mit mir selbst zu sein. Ich habe versprochen, daß ich — für eine kleine Weile nur, wenn ich allein bin — all dieses Gehabe sein lassen und mir nichts mehr vormachen will.

Nun paß gut auf, sagte sie zu sich selbst. Eine Minute lang wirst du jetzt deutlich und aufrichtig mit dir reden und dich durch nichts davon abbringen lassen. Jetzt... Sie sah auf die Uhr, beobachtete, wie der zierliche rote Sekundenzeiger weiterrückte... eine, zwei, sechs, zehn Sekunden. Wenn er auf zwölf ist! sagte sie zu sich und sah zu, wie er behende nach oben eilte. „Ich bin eine Schwindlerin", sagte sie, und der Zeiger bewegte sich weiter und wieder abwärts.

Ja, das war sie — eine Schwindlerin. Es war im Grunde nichts Neues für sie, es war auch nicht sonderlich interessant. Es war wahrscheinlich nicht einmal besonders wichtig. Die meisten Menschen schwindelten ja — die einen mehr, die anderen weniger — oder etwa nicht? Waren Richard und Andrew, ihre beiden Brüder, auch Schwindler? Nein — aber sie waren auch noch nicht in dem Alter, wo man zum Schwindler wurde (Barbara hatte seit drei

11

Jahren deutlich gespürt, wie sie dazu geworden war, ganz allmählich, seit ihrem zwölften Geburtstag etwa — und wie es immer mehr zunahm). Und außerdem waren Andrew und Richard eben nicht wie die meisten Menschen. Doch nun war sie schon wieder vor der Frage ausgewichen, die sie sich klar beantworten wollte: daß sie nämlich nur deshalb heute abend so gern zum Weihnachtssingen gehen wollte, weil ihr die anderen, die sie dazu aufgefordert hatten, Eindruck machten. *Na also,* dachte sie ein wenig lahm, das ist doch schon ziemlich aufrichtig, mehr kann man nicht verlangen. Ja, sie hatten Eindruck auf sie gemacht, und — sehr schön, jetzt nur noch einen Schritt weiter — und sie hatten sie eben *nicht* eingeladen. Mrs. Howard hatte sie vorgeschlagen, die irgend etwas mit dem Singkreis und den freiwilligen Gruppen zu tun hatte. Aber immerhin hatten die anderen ihren Vorschlag angenommen. Margaret Obemeyer, Klassensprecherin der Zehnten, Schriftführerin in der Theatergruppe und im letzten Jahr als beliebteste Schülerin preisgekrönt, hatte sie angerufen, sich auf den Vorschlag von Mrs. Howard berufen und gesagt: „Ist es dir recht, Barbara?"

Und Barbara hatte, ein bißchen atemlos, erwidert: „Klar. Ich meine — natürlich, das wäre fein. Wo wollen wir uns treffen?"

„Wart' mal. Du liegst auf Jeff Irwins Weg — stimmt's? Ich werde also Jeff bitten, dich abzuholen, oder vielmehr seinen Vater. Er holt noch ein paar andere ab, und dann fahren wir zu Connie Frost — von da gehen wir nämlich los, und hinterher kriegen wir bei ihr Kakao und etwas zu essen. Und wer dann Jeff zu Hause absetzt, kann dich auch absetzen. Recht so?"

„O ja. Das wäre wunderbar, Margaret. Ich mach' mich fertig. Wann soll's denn losgehen? Das heißt, wann kommt Jeffs Vater vorbei?"

„Kurz vor acht. Also, tschüs!"

Weg war Margaret, und Barbara blieb beglückt zurück und — wie jedesmal — ein wenig von der Vorstellung gequält, ihre Stimme habe am Telefon schrill geklungen. Immer versuchte sie tief, gelassen und langsam zu sprechen, aber wenn sie den Hörer auflegte, klang es ihr jedesmal schrill, hastig und holperig im Ohr.

Ich weiß nicht, dachte sie, während sie auf der Bettkante saß, die Hände im Schoß und den Blick auf den Boden geheftet, es gibt so vieles, was man besser machen sollte. Sie seufzte, sah aus dem Fenster und sprang auf. *Schnee! Es schneite!* Sie öffnete das Fenster mit einem Ruck, lehnte sich hinaus und hielt das Gesicht dem Himmel entgegen. Große, dicke Flocken fielen ihr auf Wangen und Augenlider. Sie blickte auf die Straße hinunter. Schon blieb der Schnee liegen, die graue Nässe verwandelte sich in reines Weiß. Die Luft war kalt, herrlich kalt — wie auf Bestellung. Barbara schloß das Fenster wieder und summte mit halb geschlossenen Augen vor sich hin, ein Lächeln auf den Lippen. Oh, es war herrlich, es war wundervoll, es war berauschend, so glücklich zu sein ... In plötzlichem Entschluß lief sie die Treppe hinunter, schloß Andrew, der gerade unten stand, in ihre Arme und drückte ihn an sich.

Andrew grinste sie an, entwand sich sacht der spontanen Umarmung und sagte: „He, Barby — ich hab' viel zu tun!"

„So? — Na, geh nur." Sie lachte. „Aber es ist schon schlimm, daß du nicht einmal so lange stillstehen kannst, bis deine Schwester dich abgeküßt hat." In ihrer Stimme schwang die Vorfreude mit, die Freude auf Weihnachten, Richard?"

„Warum? Willst du ihn etwa auch abküssen?"

„Vielleicht." Sie lächelte immer noch. „Ich wollte nur wissen, wo er ist."

Richard war anderthalb Jahre jünger als der achtjährige Andrew, und von dem Augenblick an, da er sich überhaupt auf den Beinen halten konnte, folgte er Andrew wie ein Schatten. Und Andrew schien das nur recht und billig zu finden. Er zog seinen Bruder allen seinen Freunden vor. Die beiden lebten in einer Welt für sich. Wer sich manierlich benahm, dem stand sie offen — wer es nicht tat, wurde ohne viel Aufhebens daraus verbannt. Die Bewohner dieser kleinen Welt waren außer den beiden Buben nur noch Tiere. Der Schäferhund Hector gehörte nur zum Schein der Familie, in Wahrheit war er ihr Eigentum. Die Aquarienfische, die Tauben, ja sogar die Vögel in den Bäumen, wie es manchmal schien — alles gehörte ihnen. Sie besaßen Dutzende von Stofftieren — Krokodil und Esel, Eule und Fuchs, Katze und Hahn —, mit denen sie häufig Theater spielten und dazu kein Publikum brauchten, obgleich sie meist eines vorfanden. Andrews und Richards Naturliebe erstreckte sich auch auf Pflanzen. Sie hatten ein Kakteengärtchen in ihrem Zimmer, und immer hegten und pflegten sie mit Hingabe irgendeinen verkümmerten Ableger.

Der kleine Garten draußen steckte voller Samenkerne; allerdings gingen die Pflänzchen meist ein, ehe sie Frucht ansetzten. Alles, von Oliven- bis zu Mangokernen wurde aus dem Abfall gerettet und bekam Gelegenheit, Wurzeln zu schlagen und zu sprießen. Das Klima kümmerte die Buben dabei wenig. Im vorigen Jahr hatten sie drei vortreffliche kleine Flaschenkürbisse gezüchtet und sogar einen durchaus als solchen erkennbaren Riesenkürbis, aus dem sie dann ein Windlicht mit einer gespenstischen Grimasse schnitzten. Sie trennten sich erst von ihm, als Mr. Perry sie aufforderte, zwischen ihm und „dieser halbverfaulten Fratze da drüben" zu wählen. Einer von beiden müsse weichen, so meinte er.

In Andrews und Richards Welt lebten Löwe und Lamm unter dem Gesetz der Freundschaft zusammen. Mit der Sonne standen die beiden auf und konnten es kaum erwarten, bis sie sich der aufregenden Beschäftigung zu leben, wieder hingeben durften. Mr. und Mrs. Perry und auch Barbara nahmen das alles teils verwirrt, teils ehrfurchtsvoll auf, waren jedenfalls von ihnen hingerissen und fest davon überzeugt, daß es ein solches Zweigespann seit Anbeginn der Zeiten noch nicht gegeben hatte.

„Ich wäre schon erstaunt und dankbar gewesen, wenn ich nur einen dieser beiden erlebt hätte", meinte Mr. Perry des öfteren. „Aber sogar zwei! Und da leben sie nun noch mit uns zusammen unter einem Dach..." Und dann schüttelte er den Kopf, sah Frau und Tochter an, als suche er nach einer Erklärung dafür, obwohl er ganz genau wußte, daß auch sie keine fanden.

Andrew sah zu seiner Schwester auf und sagte: „Richard ist im Keller, er malt Kulissen."

„Kannst du dich denn nicht daran gewöhnen, Bastelwerkstatt zu sagen? Wir haben es uns immerhin zweihundertfünfzig Dollar kosten lassen. daß es nun kein Keller mehr ist!"

„Ja, das ist wahr. Also, er ist in der Bastelwerkstatt und malt Kulissen."

„Gibt's morgen Puppentheater?"

„Ja, um zwei." Und mit dem scheuen Lächeln des Schaffenden fügte er hinzu: „Es wird sehr gut, Barby."

„Eure Aufführungen gefallen mir immer — ich finde sie großartig."

„Schon", räumte er ein, „aber diesmal ist sie womöglich noch besser, du wirst es sehen! Ich habe in der Schule eine neue Figur gemacht."

„So? Was ist es denn?"

„Ein Schakal", sagte Andrew strahlend. „Du wirst ihn gern haben, Barb. So, jetzt muß ich aber gehen. Richard wartet auf mich — ich soll ihm helfen." Er winkte ihr noch einmal zu und lief die Treppe hinunter, wie eines seiner Tiere, das sich in seinen Bau verzieht.

Barbara ging in die Küche, wo ihre Mutter gerade Kuchenteig ausrollte. „Diese Bande!" sagte sie, „jetzt bringen sie es noch fertig, daß wir uns für Schakale erwärmen!"

„Davon bin ich überzeugt. Ich kann nur dem Himmel danken, daß sie diese Marionetten haben. Sonst müßten wir in einen Zoo umziehen oder irgend etwas derartiges. Weißt du schon, daß es schneit?"

„Ja", erwiderte Barbara und versuchte ihrer Stimme einen gleichmütigen Klang zu geben. Jetzt, da der Schnee — er fiel in dichten, festen und trockenen Flocken — ihr sicher und daher ihr Abend nicht mehr gefährdet war, gab sie nicht einmal vor sich selbst zu, was er für sie bedeutete. Bis acht Uhr gab es noch viel zu tun, aber auch diese Stunde würde heranrücken, und dann war es... Was? Sie konnte es nicht genau sagen. Aber irgend etwas in ihr schien mit einem Male nichts von dem Abend wissen zu wollen, so wie man nichts über das Geschenk wissen will, das jemand mitgebracht, aber noch nicht überreicht hat. Man weiß, daß es einem zugedacht ist, aber man gibt vor, es nicht zu sehen, bis endlich das: „Hier, das ist für dich!" ausgesprochen ist, und dann nimmt man es entgegen und sagt: „Oh, wirklich? Für *mich*?" Wie nach vorgeschriebener Regieanweisung. Der Abend, der vor ihr lag, war ein solches Geschenk.

„Kann ich irgend etwas tun?" fragte sie. In der Frage lag eher das Angebot, ihre Mutter zu unterhalten, als ihr bei der Arbeit zu helfen.

„Ja... ich bin gerade dabei, einen Kuchen für heute abend und einen für morgen zu backen, aber damit bin ich eigentlich schon fertig, und mit dem Abendessen brauchen wir noch nicht anzufangen, es gibt heute nicht viel. Du könntest die Sachen hier wegräumen, wenn du magst." Mrs. Perry wies auf die Töpfe, Kuchenbleche und Nudelholz. „Weißt du was? Wir trinken erst mal eine Tasse Tee miteinander. Du brühst ihn rasch auf, und ich mache inzwischen hier fertig, dann können wir uns noch einen Augenblick hinsetzen." Sie runzelte die Stirne. „Weiß der Himmel, was ich heute den ganzen Tag lang getan habe — zwei Kuchen sind eigentlich ein kümmerliches Resultat."

„Vergiß die Tischdekoration nicht!"

„Ach ja, die Tischdekoration. Ich glaube, es ist besser, wir reden nicht mehr davon. Ich hätte fast noch irgendwas Grünes geholt, aber ich nehme in solchen Fällen nicht gern zu Grünpflanzen Zuflucht. Obwohl ja wirklich nichts dabei ist, daß ich sie mag."

Barbara lächelte. „Hat die Zeitschrift von Grünpflanzen nichts erwähnt?"

„Aber um Himmels willen, natürlich nicht. Vergoldete Nüsse und vertrockneten Rhododendron und eine Menge von irgendwelchen staksigen Dingern. Nichts paßt zusammen, und am Ende sieht es doch gut aus... Ich weiß nicht, wie sie es machen."

„Eine Grünpflanze eignet sich auch nicht so gut als Tischdekoration. Wir könnten uns ja gegenseitig kaum sehen."

„Dann könnten wir sie auf das Büffet stellen", schlug ihre Mutter vor, „allerdings wäre das keine *Tisch*-dekoration mehr. Komm, hole uns ein bißchen Gewürz-kuchen, wenn noch was von gestern übrig ist. So, und da kommt dein Vater! Wir werden mit ihm teilen müssen."

„Das ist mir der richtige Empfang", meinte Mr. Perry. Sein Hemdkragen stand offen, sein Schlips war zur Seite gerutscht, und hinter dem Ohr hatte er einen Bleistift stecken. „Besonders am Heiligen Abend. Man bekommt gleich das Gefühl, daß Weihnachten einen tieferen Sinn hat als gekaufte, teure Geschenke auszutauschen." Er setzte sich und langte nach einem Stück Gewürzkuchen. „Habt ihr auch schon bemerkt, daß es heutzutage zum guten Ton gehört, sich aus Weihnachten nichts zu machen?"

„Ja, vielen geht es so", sagte Mrs. Perry langsam. „Und wenn man sich überlegt, wie es heute so zugeht, dann ist es auch kein Wunder."

„Früher hat kein Mensch es laut ausgesprochen. Oder doch kaum jemand. Jetzt vergeht nicht ein Tag ab Anfang Dezember, an dem mir nicht irgendjemand sagt, er hasse Weihnachten. Und habt ihr die Karte gesehen, die heute kam? Vorne drauf lauter Tannengrün und Kerzen und innen drin dann gedruckt: *„Fröhliche Weihnachten und all den Plunder!"* So was kann ich nicht ausstehen."

„Nun ja, das ist geschmacklos", meinte Mrs. Perry und rührte in ihrer Tasse. „Aber wir haben ja nur eine solche Karte bekommen."

„Nein, nein", beharrte er, „es scheint mir in Mode zu kommen. Und dagegen wehre ich mich! Nicht etwa, daß ich irgend etwas zu unternehmen gedenke. Ich wollte nur festgestellt haben, daß ich dagegen bin."

„Ich frage mich manchmal, warum ich mich je darüber wundere, wo Andrew und Richard das alles herhaben", meinte Mrs. Perry und griff rasch über den Tisch nach der Hand ihres Mannes, ehe sie sich wieder ihrem Tee zuwandte.

Barbara fragte sich das gleiche, während sie die beiden ansah. Ich bin es, die nicht in diese Familie hineinpaßt, dachte sie. Denn ihr Vater und ihre Mutter waren in mancher Hinsicht ebenso bemerkenswert wie ihre beiden kleinen Brüder. Sie wohnte unter einem Dache mit vier Menschen, die offenbar über sich Bescheid wußten und im Einklang mit sich selbst waren, die ein reiches und erfülltes Leben in einem unscheinbaren braunen Holzhaus führten, einem Häuschen in einem ziemlich vernachlässigten Viertel am Rande einer kleinen Stadt im Staate Ohio.

Wenn man Mr. und Mrs. Perry einen Fragebogen vorge-
legt hätte, so wäre das Ergebnis äußerst langweilig ausge-
fallen. Normale Anschrift, normale Anzahl von Kindern,
durchschnittlich gute Gesundheit, durchschnittliche Wünsche und durchschnittlich gute Referenzen. Die Spalte
‚Beruf‘ würde Mrs. Perry immer mit ‚Hausfrau‘ und Mr.
Perry mit ‚Lehrer‘ ausfüllen. Niemals würde ihre Mutter
Gelegenheit haben, sich als Schauspielerin, Architektin,
Tänzerin auszuweisen oder ihr Vater die Möglichkeit haben,
so ganz nebenhin und selbstverständlich Arzt, Journalist,
Abgeordneter hinzukritzeln. Bedauerten sie eigentlich nie,
daß sie eine Gelegenheit verpaßt, eine Karriere versäumt
hatten? Spürten sie nie den Drang, mehr zu sein als eben
nur „Hausfrau" und „Lehrer"?

Anscheinend nicht. Barbara, die sie doch liebte,
konnte sie ebenso wenig verstehen wie die beiden Jungen,
die jetzt in der Bastelwerkstatt Kulissen malten. *Sie* wollte
Schauspielerin und Architektin, Tänzerin und Ärztin,
Journalistin und noch einiges andere werden, und ganz
gewiß nichts davon hier in dieser Stadt. Aber manchmal
kam es ihr doch in den Sinn, daß sie alles das werden
könnte und vielleicht noch einiges mehr, und dennoch nie
so glücklich sein würde wie Andrew und Richard, die —
das stand außer jedem Zweifel — Tierärzte hier in Ohio
werden wollten.

„Was mit Weihnachten nicht mehr stimmt", fuhr ihr
Vater fort, „ist, daß den meisten Menschen die Illusion
fehlt, die dazu gehört. Man hat den Eindruck, daß sie
sich über nichts mehr Illusionen machen. Und ich glaube,
daß Menschen ohne Illusionen arm sind bis auf die Kno-
chen. Eine armselige Menschheit ziehen wir da heran."

„Aber du hast doch offenbar einige Illusionen", meinte
Barbara begierig und auch ein wenig neidisch. „Mehr als
ich jedenfalls."

„Ja, und ich werde sie nicht aufgeben. Aber ich gehöre
zur Minderheit. Du", fügte er hinzu, „bist genau in
dem Alter, in dem man seine Illusionen verliert. Wenn du
nicht aufgibst, kannst du wahrscheinlich in ein paar Jahren die meisten zurückgewinnen. In der Generation meines Großvaters ging das noch ganz selbstverständlich vor
sich. Mein Vater mußte schon darum kämpfen, aber es ge-

18

lang ihm schließlich auch. Für mich ist's ein hartes Tauziehen gewesen, und der Himmel weiß, wie es mit deiner Generation sein wird. Versteh' mich recht — ich verallgemeinere natürlich. Haben wir den ganzen Kuchen aufgegessen?"

Barbara und Mrs. Perry mußten lächeln. „Ich weiß nicht, warum du ‚wir' sagst", meinte seine Frau. „Es waren noch zwei Stück, und die hast du beide gegessen."

Mr. Perry zog die eine Braue hoch. „Wirklich? Tut mir leid." Er fuhr sich mit der einen Hand über den Nacken — eine für ihn typische Geste der Entschuldigung —, gab seinem Bleistift hinter dem Ohr einen kleinen Schubs, so daß er herunterfiel, bückte sich, um ihn aufzuheben, richtete sich wieder auf und faßte zusammen: „Es ist eben alles zu kommerziell geworden — das ist die Sache. Das meinen auch die Leute. Und ich kann dazu nur sagen: richtig, es *ist* tatsächlich alles zum Geschäft geworden, und eine Karte wie die da ist eine Unverschämtheit — aber was soll das alles? Weg mit solchen Karten in den Papierkorb! Und daß sich in den Warenhäusern das ‚Weihnachtsgeschäft' abspielt, sagt doch noch nicht, daß es sich auch in die Familien einschleichen muß — oder?" Er sah seine Frau und Barbara an und schüttelte den Kopf. „Keineswegs. Wir haben, was das Materielle betrifft, niemals sehr großartige Weihnachten, stimmt's? Gerade genug, um mich wegen der Rechnungen, die dann im Januar kommen, nervös zu machen. Das gehört dazu. Aber wir haben doch" — und er streckte die Hände aus — „immer sehr *schöne* Weihnachten."

„Mit Marionettentheater", meinte Barbara.

„Eben", stimmte ihr Vater zu. „Genau das meine ich. Nun gut —" Er fuhr sich durchs Haar. „Ich glaube, ich muß wieder an die Arbeit." In seiner Freizeit schrieb Mr. Perry nämlich ein Geschichtsbuch für die sechste Klasse. Er tat es aus dem einfachen Grund, um sein Einkommen etwas aufzubessern, und trotz seiner Illusionen konnte Mr. Perry geradezu zynisch werden, wenn es über diesen schlichten Zweck hinaus um den Wert des Buches ging. „Es kommt vor", hatte er einmal erklärt, „daß ich mich frage, warum man Sechstklässlern so etwas erzählt, und dann als Nächstes natürlich, warum man das überhaupt irgend jemandem erzählt, und das wiederum führt zu den ganz heiklen Fragen wie: Was hat das alles für einen Sinn? Und was bin ich denn eigentlich — abgesehen davon, daß ich mit meiner Einkommensteuer im Rückstand bin?"

„Warum schreibst du dann nicht ein Buch, das viel Geld einbringt?" fragte Barbara.

„Mein liebes Kind, was glaubst du wohl, wie ich mir meine Illusionen erhalte, von denen wir gerade gesprochen haben?"

„Na — wie denn?"

„Indem ich nicht zu viel erwarte. Nicht vom Leben und nicht von mir selbst. Ich wäre nicht imstande dazu, ein Buch zu schreiben, das viel Geld einbringt — also lasse ich's, um mir und uns allen Kummer und Enttäuschung zu ersparen."

„Aber was würdest du tun, wenn du eine Menge Geld bekämst?"

„Die Rechnungen vom Versandhaus bezahlen", erwiderte ihr Vater und stand auf. Barbara sah ihm nach, drehte sich um und bemerkte, daß ihre Mutter lachte. „Ich finde das gar nicht so komisch", murmelte sie.

„Oh, ich auch nicht", sagte Mrs. Perry. „Aber *ihn*." Sie fing an, Teller zusammenzustellen, ließ sie aber auf dem Tisch stehen. „Willst du das machen? Ich glaube, ich kann jetzt mit dem Abendbrot anfangen. Wir werden früh essen, damit du beim Umziehen nicht zu hetzen brauchst."

Barbara, die auch jetzt noch nicht davon reden wollte, was sie am Abend vorhatte, meinte nur: „Was essen wir denn zum Abendbrot?"

„Alle Reste aus dem Eisschrank. Das heißt, ich werde sie natürlich aufwärmen."

„Das ist fein. Ich meine, daß du sie aufwärmen willst."

Mrs. Perry hatte eine Schwäche dafür, sich durch Zettelchen und Schildchen mitzuteilen. Einen Augenblick lang forschte sie im Gesicht ihrer Tochter, dann nahm sie ein Stück Papier und schrieb sorgsam in Druckbuchstaben darauf: „Dies ist ‚Smotavna', ein altes arabisches Rezept, und ich verbitte mir jegliche Randbemerkungen dazu!"

Sie trug die Botschaft ins Eßzimmer und legte sie dort auf den Tisch. „So, morgen werden wir wieder frisch einkaufen", meinte sie, als sie in die Küche zurückkam.

Mr. Perrys Schreibmaschinengeklapper drang gedämpft aus der kleinen Kammer unterm Dach, die einmal das Nähzimmer gewesen war, und die er nun als Arbeitszimmer benutzte. Mrs. Perry nähte nicht so viel, um eigens für diesen Zweck einen Raum zu beanspruchen. („Richard, deine Tasche ist eingerissen", pflegte sie zu sagen, „bring mir eine Sicherheitsnadel, damit ich sie dir flicken kann!") Aus den unteren Räumen ertönte unterdrücktes Triumphgeschrei: die Kulissenmalerei machte offenbar Fortschritte, und Hectors schwerer Schweif schlug dazu regelmäßig und dumpfdröhnend gegen die Wand. Mrs. Perry summte vor sich hin, während sie die Reste von gestern in einen Patentkocher kippte.

Was habe ich doch für eine reizende Familie, dachte Barbara. Kein Wunder, daß ich manchmal ganz niedergedrückt bin. Sie lauschte auf den Schnee, der sachte gegen das Fenster über dem Spültisch trieb, und gestattete sich endlich, ihrem Abend voll entgegenzusehen. „Das ist für dich", sagte eine Stimme, die aus der Luft zu kommen schien. Es war die Stimme der Jugend, der Sehnsucht, des Wunderbaren. „Das ist alles für dich, Barbara." — „Wirklich?" murmelte sie halblaut. „Ist das alles wirklich für mich?" Aber sie hatte es die ganze Zeit gewußt.

Man konnte das Haus behaglich nennen, aber die Einrichtung hatte beileibe keinen besonderen „Stil". Ein unverwüstliches altes Sofa, das selbst Hectors Zerstörungstrieb standhielt, ein paar bequeme Armsessel, große Tische, auf denen meist nur Bücher und Zeitschriften herumlagen — das war alles. „Frühen Wahnsinn" pflegte Mr. Perry diesen „Stil" zu nennen, oder auch „Zeitweiliges Zwanzigstes Jahrhundert". Der Teppich im Wohnzimmer hatte schon dagelegen, ehe Barbara geboren wurde, und das sah man ihm auch an. Das Eßzimmer besaß gar keinen Teppich, aber sie hatten es immerhin vor ein paar Jahren zu einem Läufer für die Diele und das Treppenhaus gebracht. Im vergangenen Jahr war dann das Kellergeschoß in einen kombinierten Bastel- und Fernsehraum umgebaut worden, und Barbara spielte immer wieder mit dem Gedanken, hier einmal eine Party zu geben.

Ihr eigenes Zimmer unterschied sich völlig von dem übrigen Haus. Es war in leuchtendem Goldgelb gehalten und kam Barbaras Hang zur Symmetrie weitgehend entgegen. Jeder Gegenstand trat paarweise auf: Betten, Stühle, Tische — immer zwei. Zwei Bilder — Straßenszenen aus Paris — hingen streng ausgerichtet an der Wand und waren sich noch dazu so ähnlich, daß man sie fast für ein und dasselbe halten konnte. Allerdings gab es nur eine Kommode, aber alles, was darauf lag, war in zwei Exemplaren vorhanden und außerdem so angeordnet, daß eine kleine Vase rechts in einer Zwillingsschwester links ihr Gegengewicht hatte. „Nach diesem Zimmer zu urteilen, müßtest du eigentlich den ausgeglichensten Charakter der Welt haben", hatte ihr Vater einmal gesagt, und Barbara hatte ihn nur angelächelt und gedacht: Die Leute, die ihn so wundervoll finden, haben gut reden — die brauchen sich nicht mit solchen Äußerungen auseinanderzusetzen.

Als sie jetzt frischgebadet in ihr Zimmer kam, lächelte sie ihm so liebevoll zu, wie nur ihre Brüder einem Kätzchen zugelächelt haben würden. Ein sehr niedliches gelbes Kätzchen, dachte sie. Goldgelbe Kätzchen, Ringelblumen, Strohhaufen in der Sonne, Honig — das alles fiel ihr ein, wenn sie ihr Zimmer betrat, selbst an kalten Winterabenden ...

Sie nahm ihre schwarze Keilhose aus dem Schrank, ihre Stiefelchen aus Fohlenleder und einen dicken weißen Pullover. Mit kräftigen Strichen bürstete sie ihr Haar, legte es in eine Pagenfrisur und fuhr sich ganz leicht mit einem blaßrosa Lippenstift über den Mund. Ja, eines Tages würde sie im Bastelraum eine Party geben, wie es ihre Eltern schon immer angeregt hatten, aber — und das war ein sehr großes Aber — sie wußte etwas, wovon sie nichts ahnten. Etwas, das vermutlich niemand wußte, außer vielleicht ein paar Mädchen in der Schule, die es nicht kümmerte. Sie war nicht besonders beliebt. Da hast du's, dachte sie, während sich diese plötzliche Einsicht in ihrem Kopfe formte und wie ein dicker Klumpen langsam in ihren Magen rutschte. So, das war wenigstens einmal ehrlich. Sie war zwar selbst nicht ganz von ihrer Unbeliebtheit überzeugt. Sie konnte sich einfach keine Handvoll junger Leute vorstellen, die sie gut genug kannte und denen sie wiederum sympathisch genug war, um eine anspruchslose Party in dem anspruchslosen Bastelzimmer aufzuziehen. Und wenn das nicht möglich war, konnte man dann als beliebt gelten? Selbst wenn man genügend Bekannte hatte, mit denen man zu Sportveranstaltungen gehen oder auf den Schulbällen tanzen konnte, selbst wenn man oft genug angerufen wurde oder Telefongespräche mit anderen führte, so wußte Barbara doch ganz genau, daß man darum noch nicht wirklich beliebt war. Wenn Margaret Obemeyer ein Zimmer betrat, dann strahlten alle auf, alle wandten sich ganz selbstverständlich ihr zu, und man hatte den Eindruck, daß jeder nur auf sie gewartet hatte. Und das kam daher, daß jeder sie gern um sich hatte. Andrew — noch ausgeprägter als Richard — hatte ebenfalls diese Fähigkeit, gute Laune zu verbreiten, ja, seine Umgebung aufmerksamer und feinfühliger zu machen. Andrew wurde von seinen Lehrern geradezu angebetet, und nicht anders erging es ihm mit seinen Mitschülern, die ihn alle Augenblicke anriefen, ihn zu Parties, zu Picknicks oder zu sich nach Hause einluden. Manchmal ging er hin, aber viel häufiger sagte er ab, weil er lieber mit Richard zusammen war. Aber immerhin hatte er die Wahl. Niemand schien ihn weniger zu mögen, wenn er absagte, und auch er wollte damit nicht ausdrücken, daß er jemanden nicht mochte. Ihr Vater und ihre Mutter — nun ja, sie waren nicht gerade sehr gesellig, aber sie hatten eine Menge Freunde. Die Leute mochten sie, mochten sie sogar sehr. Das merkte man sofort, wenn man sie mit anderen zusammen sah. Aber wie stellten es Margaret und Andrew und ihre Eltern nur an? Was wußten sie, was hatten sie an sich, daß bei ihnen alles so glatt ging? Daß sie sich anscheinend überhaupt nicht darum kümmerten, was man von ihnen dachte? Warum sollten sie auch? fragte sie sich ein bißchen bitter, aber sie fügte rasch hinzu: Wie haben sie es nur gemacht, daß sie das nicht nötig haben?

Ich weiß es nicht, dachte sie und wandte sich von dem symmetrischen Kommödchen ab. Ich würde alles darum geben, wenn ich es wüßte, aber ich weiß es eben nicht. Immer mache ich mir Gedanken darüber, was wohl die Leute über mich denken, über mich reden könnten. Und was ich jetzt tue, dieses sogenannte „Analysieren", geschieht auch bloß, weil ich langsam unruhig werde, wie das heute abend werden wird. Vielleicht singe ich falsch oder sage die verkehrten Dinge oder blamiere mich sonst irgendwie. Sich blamieren — ja, wie denn eigentlich? Auch das wußte sie nicht genau. Sie nannte es eben so, weil ihr die Worte dafür fehlten. Und deshalb wußte sie nie, ob sie unbeliebt war oder nur unbeteiligt. Vielleicht würde man sie sogar sehr gern mögen.

Barbara Perry — ja, ein reizendes Mädchen, wirklich reizend. Es ist ein Jammer, daß sie so schüchtern ist. Man sollte meinen, daß sie —" Daß sie — was denn nun?

Oh, aufhören, aufhören, *aufhören!* sagte Barbara zu sich selbst. Ihr Herz klopfte, und nun bekam sie doch tatsächlich Kopfweh. Es sind nur meine Nerven, beruhigte sie sich sehr überlegen.

Barbara war Mitglied im Französisch-Klub und auch in der Theatergruppe, sie gehörte zum Sport-Klub, und wenn es Meisterschaften in irgendeiner anderen Stadt gab, dann fuhr sie mit den übrigen im Bus hin und feuerte die Spieler von der Tribüne her an, und schließlich gehörte sie auch zur Basketball-Mannschaft der Schule. Sie war nicht gemieden, kein Paria. Wenn sie wollte, hatte sie immer jemanden, mit dem sie spazierengehen, im Speise- oder Lesesaal zusammensitzen, den sie anrufen konnte, wenn ihr danach zumute war. Manchmal holte sie auch einer der Jungen am Freitagabend ab, um mit ihr ins Kino zu gehen, wo sich alle jungen Leute trafen und man so gut wie keine Erwachsenen sah.

Aber immer blieb es bei *einer* Verabredung. Nicht etwa, daß sie Streit mit den Jungen bekam. Sie luden sie nur nicht wieder ein. Barbara machte sich nichts daraus, und wenn sie sich später zufällig in der Schule oder in der Stadt begegneten, dann grüßten sie einander durchaus freundschaftlich.

Ach, aber es ist alles so blutleer! dachte sie empört und flehentlich zugleich. Wird das immer — *immer* so bleiben?

Sie sah auf die Uhr.

Es war Zeit, es war höchste Zeit. Sie hätten längst da sein müssen. Eine wohlbekannte, eine abscheuliche Vorahnung kommenden Unheils nistete sich in ihr ein. Sie fühlte sie kommen wie ein Patient, der sich mit ständigen Rückfällen seiner Krankheit abgefunden hat. Ja, sei nur verzweifelt, sagte sie sich, gewußt hast du's doch. Es passierte jedes, aber auch jedes Mal, wenn sie eine Verabredung mit jemandem hatte, der nicht zu ihrer Familie gehörte. Wenn ihr Vater ihr versprach, daß er sich mit ihr in der Stadt treffen würde, so tat er es auch. Wenn ihre Mutter sagte, sie wolle sie nach Schulschluß abholen, so kam sie bestimmt. Da gab es überhaupt keinen Zweifel. Aber bei Verabredungen mit ihren Altersgenossen... Ach, zum Kuckuck damit! War es nicht besser, sie gab jeden weiteren Versuch, beliebt zu sein, einfach auf, ließ sich nicht mehr darauf ein, irgendwelche Verabredungen zu treffen, und ersparte sich so ein für allemal diese greuliche Erfahrung, diese bösen Ahnungen, wenn es eine Minute über die Zeit war, diese Angst, wenn es fünf Minuten darüber war, und diese Panik, wenn die Verzögerung gar zehn Minuten dauerte? Es nützte nichts, sich zu sagen, daß man sie ja noch nie im Stich gelassen hatte, daß alle nennenswerten Verspätungen unvermeidlich, durchaus verzeihlich und außerdem auch ganz selten gewesen waren. Es war jedesmal das gleiche und jedesmal wieder anders. Es war ganz egal, wie es vorher immer gewesen war... diesmal würden sie losgehen und ganz sicher vergessen, daß sie noch Barbara Perry abholen wollten.

Widerstrebend wanderte ihr Blick zur Uhr, zuckte entsetzt zurück, und ihr Rückenmark erstarrte zu Eis.

Sie stand auf und ging im Zimmer umher. Es macht doch nichts, es macht überhaupt gar nichts. Was bedeutete schon *ein* Abend im Leben eines Menschen? Was war das Leben eines einzelnen in der Welt? Man konnte sich elend, zurückgesetzt, im Stich gelassen und übersehen fühlen, sein ganzes Leben lang, und es würde nur für einen selbst wichtig sein. Man war eben ein einzelner Mensch, und *ein* Mensch hatte nun einmal keine Bedeutung...

„Barbara! *Barbara!*"

„Ja, Dad?" rief sie von der Tür her zurück, und ihre Stimme klang gelassen und kein bißchen neugierig. Vielleicht rief er sie ja nur, weil —

„Die Irwins sind da."

Gerettet! „Gut, Dad. Ich komme gleich runter." Ihre Angst war wie weggeblasen; sie dachte schon nicht mehr daran, huschte zur Kommode hinüber, fuhr sich leicht übers Haar, beugte sich ein wenig vor, um das rosig überhauchte Gesicht im Spiegel einen Augenblick lang kritisch zu betrachten, und verließ das Zimmer. Ein schwaches Lämpchen am Bett ließ sie brennen, um es beim Nachhausekommen gemütlicher zu haben.

Jeff Irwin war fünfzehn Jahre alt, ein Meter fünfundachtzig lang und hatte eine Stimme wie der älteste Frosch im Teich, fand Barbara. Er hatte sogar ein wenig Ähnlichkeit mit einem Frosch — einem hübschen Frosch. Als wäre er bereits im Begriff gewesen, sich in den Prinzen zu verwandeln, und dabei gestört worden.

„In ein paar Monaten", erzählte er gerade Barbaras Eltern, „bin ich alt genug, um den Führerschein zu machen. Dann braucht Dad nicht immer den Chauffeur zu spielen..."

Peng, dachte Barbara.

„Ich hätte euch gern gefahren heute abend, wenn —" meinte Mr. Perry.

„Himmel, Mr. Perry, so war's doch nicht gemeint." Jeff legte die Stirn in gewichtige Falten. „Hallo, Barbara, darf ich dich mit meinem Vater bekannt machen? Oder ist es umgekehrt? Ich kann nie behalten, wer wem vorgestellt wird. Na, jedenfalls, das ist mein Vater und dies ist Barbara Perry." Mr. Irwin wollte etwas sagen, aber Jeff quasselte eifrig weiter: „Um Himmels willen, Mr. Perry, so hab' ich's wirklich nicht gemeint..."

„Jetzt beruhige dich schon, Jeff", meinte schließlich sein Vater. „Wir Väter wissen, daß wir nicht viel mehr sind als Chauffeure." Er zwinkerte Mr. Perry zu. „Stimmt's?"

„Ja, aber mir scheint, die Väter von Jungens müssen mehr ran", erwiderte Mr. Perry. „Haben Sie schon

Schneereifen drauf?"

„Freilich. Wir werden sie brauchen. Es schneit tüchtig."

„Ich könnte ein paar von euch nach dem Singen abholen, wenn das etwas nützt."

„Es ist schon für alles gesorgt", meinte Jeff. „Randy Lawsons Vater holt uns bei Connie ab."

Mrs. Perry wollte wissen, wann das ungefähr sein würde, und Jeff sagte, er wisse es nicht genau. „Aber machen Sie sich nur keine Sorgen, Mrs. Perry. Wir bringen Barbara schon heil nach Hause. So um elf herum."

Mr. und Mrs. Perry lächelten. Es war ihnen anzumerken, daß Jeff ihnen gefiel.

Da haben wir's wieder, dachte Barbara, während sie mit den Irwins in den Schnee hinausstapfte. Ich sehe Jeff an und muß an einen Froschkönig denken. Meine Eltern sehen ihn an und denken — na, was denn? Daß er bestimmt ein netter, verläßlicher Junge ist. Daß sie ihn mögen. Ja, genau das. Mr. Irwin hat mich nicht so angesehen. Ich bin eben nur eine von denen, die er heute abend abholen muß, das ist alles. Morgen würde er mich vermutlich gar nicht mehr erkennen.

Sie seufzte ein bißchen, dann holte sie tief Luft und dachte wirklich für ein paar Augenblicke nicht mehr an sich. Es war so schön. Eine weiße Welt. Die Luft war erfüllt mit zarten gefrorenen Spitzenfetzchen, die ihnen entgegenwirbelten, während sie zum Wagen gingen. Straßauf, straßab fiel der Schein der Christbaumkerzen aus den Fenstern, und in den Vorgärten standen hie und da lichterbesteckte Bäume, deren Zweige sich unter ihrer Last zu Boden neigten. Ein Wagen mit gerissener Schneekette rasselte langsam und vorsichtig heran, und als er vorbei war, blieb nur der zarte Laut des fallenden Schnees.

„Oh — ist das —", seufzte Barbara überwältigt.

„Hm" erwiderte Jeff. „Hübsch, was?"

„Ich hoffe nur, es läßt jetzt nach", meinte Mr. Irwin, als er die rückwärtige Tür des Wagens öffnete und sie einsteigen ließ. „Ihr werdet noch eingeschneit, wenn es nicht bald aufhört." Er hatte den Motor laufen lassen, und im Wagen war es warm und gemütlich.

„Das wäre gar nicht das Schlechteste", sagte Jeff mit seiner tiefen Krächzstimme. „Hätte gar nichts dagegen, wenn wir bei Connie Frost steckenblieben. Sag, ist das nicht prima —" unterbrach er sich, „im *Schnee* bei *Frost* stecken zu bleiben?" Mr. Irwin lachte belustigt mit, und ein wenig verspätet stimmte auch Barbara mit ein. „Aber bei den Platten, die sie hat, ganz zu schweigen von dem vollgestopften Eisschrank — na, da ist es doch das reine Vergnügen, im Schnee stecken zu bleiben."

Mr. Irwin mußte zu aufmerksam auf die Straße sehen, um etwas antworten zu können, so daß eigentlich Barbara an der Reihe war. Aber ihr fiel ums Leben nichts anderes ein als: „Das klingt ganz vernünftig!"

Jeff sah sie ein wenig finster an und beugte sich vor, um seinem Vater den Weg zu zeigen. „Jetzt die nächste Straße links und ein Stück geradeaus, da wohnen Maxwells. Du bleibst dann sitzen, Dad. Ich laufe rasch rein und klingle den guten Max heraus. Er hat gesagt, er ist fertig und wartet auf uns."

Die restliche Zeit bis zu den Maxwells benutzte er dazu, seinem Vater gänzlich überflüssige Anweisungen zu erteilen, und Barbara saß in ihrer Ecke und spürte, wie ihr Herzklopfen schlimmer wurde. Warum habe ich nur das Gefühl, daß ich mich mal wieder ungeschickt benommen habe, fragte sie sich ärgerlich. Er hat doch nur lauter Unsinn geredet. Wie kommt es, daß ich darauf so steif und ungelenk werde?

„Ich hab' dich 'ne ganze Weile nicht gesehen, Barbara. Wie geht's?" fing Mr. Irwin an.

Barbara nahm einen Anlauf und hoffte wirklich, daß er sie nicht gesehen hatte. „Oh, großartig, Mr. Irwin", erwiderte sie schließlich. War das zu dick aufgetragen? „Wirklich tadellos. Und Ihnen?"

„Fein. — Nun ist's doch so schön heute abend, weißt du. Und bei solchen Gelegenheiten merkt man dann, daß man älter wird. Nicht mehr lange, und man fängt an, den Schnee zu hassen, und dann geht's abwärts."

Wenn ihr Vater das gesagt hätte, dann würde sie geantwortet haben: „Kopf hoch, Dad. Du hast dich fabelhaft gehalten." Aber sie konnte das doch nicht gut zu Mr. Irwin sagen, und es fiel ihr auch nichts anderes ein. Sie tat einen tiefen Atemzug und fing an: „Oh, aber Mr. Irwin..." Und da kamen auch schon — dem Himmel sei

Dank — Max und Jeff.

Sie drängten sich auf dem Rücksitz zusammen, und Jeff meinte: „Ihr kennt euch doch?", gerade als sein Vater fragte: „Wohin jetzt, mein Junge?"

Max und Barbara gaben Jeff recht, ja, sie kannten sich, und Jeff dirigierte seinen Vater weiter.

Sie holten Margaret Obemeyer ab, die einen scharlachroten Anorak mit angeschnittener Kapuze und ebenfalls eine Skihose anhatte. „Das sollte ich eigentlich erst zur Bescherung bekommen", gestand sie, als Jeff und Max anerkennend durch die Zähne pfiffen. „Hallo, Barb. Freust du dich nicht auch, daß es schneit?"

„Und ob — gerade heute", meinte Barbara und verfiel sofort wieder in Schweigen. Warum sage ich nur solche Sachen, fragte sie sich verzweifelt. Was ist nur los mit mir?

„Du siehst aus wie die, die damals in Chicago alles auf den Kopf gestellt hat", sagte Jeff gerade.

„Och, diese Gans . . .", entgegnete Margaret. „Wie geht's, Mr. Irwin? Es ist furchtbar nett, daß Sie uns hinbringen. Und noch dazu bei solchem Wetter!"

Warum ist *mir* das nicht eingefallen? dachte Barbara.

„Nein, ich meine die andere — die war Klasse", warf Jeff ein.

„Das macht mir überhaupt nichts aus", meinte Mr. Irwin. „Es ist so schön heute abend."

Sie hielten noch einmal an, um Randy Lawson mitzunehmen, und fuhren dann zu den Frosts, wo der ganze Spaß beginnen sollte.

Sie waren nur zu acht — Bud Parker und Alice Ordway waren schon da —, aber es machte den Eindruck, als ob sich im Frostschen Wohnzimmer weitaus mehr Menschen befänden. Es war ein richtiges Gedränge. Barbaras Blick war ein wenig getrübt. Sie machte sich aber nicht die Mühe herauszufinden, ob das von der Kälte herrührte oder von ihrer inneren Unruhe. Es passierte ihr manchmal. Es war, als ob das Bild vor ihren Augen geronn und undeutlich wurde, so daß sie nicht imstande war, es ganz aufzunehmen. Aber all diese Leute . . . diese vielen Leute . . . und dann wurde sie ruhiger und bemerkte, daß auch einige Erwachsene unter ihnen waren. Connies Eltern hatten offen-

bar auch Gäste. Barbara wandte sich nach Margaret Obemeyer um, der einzigen, die sie wirklich kannte — der
einzigen, verbesserte sie sich, von der sie wirklich wußte,
daß sie ihr freundschaftlich entgegenkam.

„Wann fangen wir an?" fragte sie.

„Was? Ach so. Oh — ich denke ziemlich bald. Randy,
du hast die Liederbücher — oder? Wer hat denn die Sam-
melbüchse?"

„Ich", meldete sich Connie. „Hallo, Barbara. Wie nett,
daß du mitgekommen bist." Sie ging zu Jeff hinüber und
blieb unmittelbar unter seinem Kinn stehen — als trete
sie unter einen Regenschirm, dachte Barbara — und
meinte leise: „Das war ein fabelhafter Elfmeter neulich,
Jeffy."

„Elfmeter? Wir haben doch Basketball gespielt!" und er
brach in ein krächzendes Gelächter aus.

Connie lächelte. „Das macht es ja noch aufregender.
Willst du das nehmen?" Sie streckte ihm eine hübschver-
zierte Büchse entgegen. „Das ist für das Geld. Du kannst
doch so gut rechnen!"

„Warum hängt sie ausgerechnet mir dieses Ding auf?"
wollte Jeff von Randy wissen.

„Weiß ich's? Entweder mag sie dich oder sie hat Angst,
daß es in die Luft geht."

Jeff schüttelte die Büchse. „Klingt eigentlich ungefähr-
lich. Ich werde mich mal um das andere kümmern."

„Kinder", sagte Mrs. Frost und trat auf die Gruppe neben der Tür zu. „Vergeßt ja nicht, daß ihr alle hierher
zurückkommt, und daß es hinterher Schokolade und Kuchen gibt."

„Soll ich *dich* einmal an etwas erinnern, Mutter?" fragte
Connie.

„Um Himmels willen, also: meine Lieben, bitte vergessen Sie nicht, daß Sie nachher zu Schokolade und Kuchen hierher zurückkommen. Na, war das besser?"

Connie sah ihre Freunde an. „Sie bringt es doch tatsächlich fertig, daß es trotzdem klingt wie ‚Kinder', findet
ihr nicht auch?"

„Wenn Sie den Kuchen gebacken haben, Mrs. Frost",
meinte Max, „so erhalten Sie hiermit die Erlaubnis, uns
‚ihr lieben Kleinen' zu nennen, wenn Sie mögen."

„Aber sicher will ich das", meinte Mrs. Frost. „Und ich werde gleich bei Jeff anfangen." Sie sah an Jeff hinauf und lächelte ihn an. Sie und ihre Tochter waren beide klein und nahmen — so schien es Barbara — jede Gelegenheit wahr, das zu betonen. Als wären wir anderen alle Riesen oder so was ähnliches.

„Hört mal, wollen wir nicht losgehen?" fragte Margaret. „Wir sollen doch vor zwanzig Häusern singen, oder waren es dreißig?"

„Zwanzig oder dreißig?" jammerte irgend jemand. „Unsere Luftröhren werden zufrieren."

„Na ja, wir *müssen* ja nicht —"

„Los, kommt schon, wenn wir überhaupt anfangen wollen —"

„Wo ist mein Schal? Irgend jemand hat meinen — Oh, da ist er ja!"

„Warum muß ich eigentlich rechnen können? Ich brauche doch nur Mrs. Howard das Geld abzuliefern — oder?"

„Aber Kinder! Macht doch schnell, wir erfrieren ja, wenn ihr die Tür so weit offen laßt!"

Dann waren sie draußen. Ihr Atem stand als blasses Wölkchen in der kalten Luft, der Schnee knirschte unter ihren Stiefeln, und Flocken setzten sich ihnen ins Haar. Schnee ... Schnee ... man konnte sich die Welt nicht noch dicker verschneit vorstellen. Der Schnee türmte sich auf den Dächern, auf den Telegraphenstangen, den Briefkästen und auf dem Geländer an den Hauseingängen, er wirbelte unter den Schritten hoch, noch nicht festgetreten und noch von keiner Schaufel berührt. Die Straßenlaternen wirkten wie Ballons aus dünner Gaze, und die Drähte hoch oben hatten einen zarten, weißen Flaum angesetzt. Lachend, schon durchgefroren und strahlend vor Vergnügen trabten sie die Straße entlang zu einem großen roten Ziegelhaus. Es wirkte wie eine Ansichtskarte mit seinem riesigen Stechpalmenkranz über der weißen doppelflügeligen Haustür, den erleuchteten Fenstern und dem Efeu, der an den Wänden emporwuchs und ganz überzuckert war, so daß nur hie und da ein Blatt wie eine dunkle kleine Fahne herausstand. Durch eine Verandatür konnten sie einen riesigen, über und über mit

Rauschgold und Glaskugeln aufgeputzten und mit hell brennenden Kerzen besteckten Weihnachtsbaum erkennen. Sie versammelten sich unter den Fenstern, hielten ihre Liederbücher mit dicken Fausthandschuhen fest und fingen an zu singen ...

„O komm, o komm, Immanuel ..." sangen sie. Die Leute kamen an die Fenster, sahen und hörten ihnen zu und lächelten freundlich. Ein Mann lehnte sich heraus. „In einem Stall, wo kein Bettlein er hat, da findet der Herr Jesu für sein Haupt eine Statt ..." Sie sangen vier Weihnachtslieder und nahmen dann unter vielen gegenseitigen guten Wünschen die Gabe in Empfang. Die Fenster schlossen sich wieder, und sie zogen weiter die Straße hinauf bis zum nächsten Haus.

„Die Engel bei den Hirten ..." „O Heilige Nacht ..." „Schmücket das Haus mit Palmen ..."

Von Haus zu Haus gingen sie, sangen, bekamen Geld und zogen weiter. Sie froren immer mehr, und ihre Stimmen wurden immer schwächer. Aber es war doch schön. Barbara konnte sich nicht erinnern, je etwas so Nettes, so Lebendiges und Anmutiges mitgemacht zu haben. Sie sah mit Randy Lawson in ein Buch, und es gefiel ihr, wie seine großen handgestrickten Fäustlinge neben ihren kleineren Fellhandschuhen lagen und sich sein tiefer Jungenbariton mit ihrem Sopran mischte. Sie kannte Randy — wie alle, die hier beisammen waren — seit Jahren. Es war eine Bekanntschaft ohne Vertrautheit. Sie verpflichtete zu nicht mehr, als einander zuzunicken und im Vorübergehen auch einmal ein paar Worte miteinander zu sprechen. Sechs von ihnen gehörten zu einer größeren Gruppe, die in der Schule tonangebend war. Es habe keinen Sinn, gegen Cliquen in den Schulen zu sein, hatte ihr Vater einmal gemeint. Barbara unterließ es, ihn darauf hinzuweisen, daß sie keineswegs gegen Cliquen war, sondern nur gern einer angehört hätte.

„Die menschliche Natur neigt nun einmal dazu, Cliquen und Geheimbünde zu bilden", meinte er. „Der Mensch möchte gern anders sein als die übrigen, auserwählt, aber er will dabei nicht allein sein, sondern einer Gruppe von anderen menschlichen Wesen angehören, die sich in der gleichen Weise wie er hervorheben und auserwählt sind. Er braucht ein ‚Sesam-öffne-dich', geheime Spannung und besondere Beziehungen. Sie machen ihn nicht zu einem Teil der Menschheit schlechthin, sondern zum Teil eines ganz bestimmten Teils der menschlichen Rasse. Dann erst gewinnt der Mensch Sicherheit. Im Grunde will niemand ein Individuum sein. Jedenfalls nicht, wenn er dadurch womöglich seinen Platz in der Gruppe, im Clan verliert."

Ihr Vater liebte solche Überlegungen — aber wußte er auch, daß seine eigene Tochter weder einer Clique noch einer geheimen Vereinigung angehörte? Daß sie am „Sesam-öffne-dich" und den besonderen Beziehungen der Jugend nur im weitesten Sinne und nicht auf die ganz spezielle Art teilhatte, die jeder Mensch in ihrem Alter — vielleicht in jedem Alter — ersehnte?

Ich will kein Individuum sein, dachte sie, während sie „Die erste Weihnacht" sang, ich möchte ein Teil einer Gemeinschaft sein, einer kleinen Gruppe wie dieser hier. Ich möchte, daß jemand wie Margaret mir im Speisesaal einen Platz freihält und ein Junge wie Randy mich am Freitag ins Kino einlädt. Ich möchte hier mit ihnen zusammen sein — nicht, weil Mrs. Howard mich vorgeschlagen hat und sie gutmütig darauf eingegangen sind, sondern weil sie wollen, daß ich, Barbara, dabei bin.

Nun gut — sie war jetzt mit ihnen zusammen. Alle gehörten dazu — bis auf Bud Parker, der jetzt mit Alice in ein Buch sah. Auch ihn hatte sicher Mrs. Howard vorgeschlagen. Vermutlich war sie dabei nach dem Alphabet vorgegangen, und sie und Bud verdankten es diesem Umstand, daß sie heute abend bei dieser Gruppe waren. Sie überließ sich einen Augenblick lang einem Gefühl der Dankbarkeit, daß sie nicht mit Bud in ein gemeinsames Liederbuch sehen mußte.

„O komm, o komm, Immanuel..." Sie waren wieder am Anfang ihres Repertoires.

„Hört mal", meinte Margaret, als sie geendet hatten und auf dem Weg zum zwanzigsten Haus waren. „Ich gebe ja nicht gern auf, und werde es auch nicht tun, wenn jemand dagegen ist. Aber ich bin kurz vor dem Erfrieren."

„Ich auch, ich auch!" rief es durcheinander.

„Ich werd' euch was sagen", schlug Jeff vor, trampelte

von einem Fuß auf den anderen und schlug die Arme um seinen mächtigen Brustkorb. „Wir singen noch einmal, damit es eine gerade Zahl gibt, und dann gehen wir zu Connie und stürzen uns in einen schönen heißen Kakao."

„Glänzende Idee —"

„Ich *kann* nicht mehr."

„Ach was, dieses eine Mal noch wird dich schon nicht umbringen. Denk' an den Verein zur Bekämpfung von Herzkrankheiten!"

„Eben denke ich mehr an mein eigenes Herz. Es ist ein Eisklumpen."

„Wann ist es das nicht?"

„Kommt, los. Noch einmal tief Luft holen und dann . . .

„Excelsior!"

Sie trotteten weiter.

Zwanzig Minuten später trabten sie bei den Frosts die Küchentreppe hinauf und stiegen am Hintereingang aus Skistiefeln und Gummischuhen.

„Nehmt eure Jacken und alles lieber mit hinein", ordnete Connie an. „Schüttelt sie aber vorher aus. Wenn ihr sie hier draußen laßt, habt ihr hachher Ritterrüstungen." Connie führte sie in die Küche.

Sie war geräumig, mit großen Schränken aus schöngemasertem Ahorn und kupfernen Pfannen und Kuchenformen auf den Borten. Messingkübel mit Philodendron hingen von der Decke herunter. An einer Wand stand ein Kachelofen. Das ist die Küche, von der meine Mutter immer träumt, dachte Barbara. Und sie wird auch weiter davon träumen müssen, da Vater so achtsam mit seinen Illusionen umgeht. Es war doch merkwürdig — ein Mann von der Intelligenz ihres Vaters brachte es nicht weiter als bis zum Geschichtslehrer! Sollte man nicht denken —

„Donnerwetter — seht euch diesen Kuchen an!" sagte Max.

Sie blickten alle auf den Kuchen. Ein herrliches, riesiges, mit Schokolade glasiertes und mit weißen Mandeln bestreutes Gebilde stand da — noch völlig unversehrt.

„Können wir ihn ganz und gar aufessen?" wollte Jeff wissen und ging mit ausgebreiteten Armen auf ihn zu.

„*Wir* schon", bemerkte Connie mit Nachdruck. „Aber wir — das sind wir alle und nicht nur einer von uns."

„Oh, ich teile gern", wehrte Jeff ab. „Du weißt ja, Connie, ich bin ein Menschenfreund!"

„Das ist eine hübsche Küche", warf Barbara ein.

„Nett, daß sie dir —", fing Connie an. „*Jeff!* Mach' daß du von dem Kuchen fortkommst! Hilf lieber Tassen und Teller und Löffel herausholen!"

Margaret stand schon vor einem der Schränke und Alice vor einer Schublade, als sei ihnen die Küche ganz vertraut. Barbara half die Tassen und Untertassen auf den großen Tisch stellen und lauschte auf das Gelächter und Gerede, das sich in der Schwebe hielt, plötzlich lebhaft aufflatterte und dann wieder im Zimmer kreiste wie eine Schar Vögel. Sie selbst sagte kein Wort, aber sie war doch bemüht, ihr Schweigen mühelos und interessiert erscheinen zu lassen, eben wie das Schweigen eines Menschen, der schon etwas zu sagen hätte, aber es nicht für nötig hält, unausgesetzt zu schwatzen, um das zu beweisen. *„Barbara Perry? Oh, Barbara ist einer der seltenen Menschen, die nicht immer sprechen müssen, nur um sich selbst reden zu hören. Aber täuschen Sie sich nicht, ihr Schweigen —"*

„Barbara, magst du denn keinen Kuchen? Komm, gib mir deinen Teller, mein Kind." War da nicht eine Spur von Ungeduld in Connies Stimme?

„Entschuldige", sagte Barbara.

Auch das war nicht richtig. Aber wie stellte man es nur an, wenn man das Losungswort, dieses törichte „Sesam-öffne-dich" — warum fiel ihr dabei nur immer dieses Wort ein? —, die besonderen Beziehungen nicht hatte und nicht kannte und vielleicht nie kennen würde? Und wenn man nur versuchte zuzuhören — freundlich, aufmerksam und schweigend —, um den Fluß des Gesprächs zu erfassen und so vielleicht von ihm erfaßt zu werden, dann kam jemand und stieß einen an, das heißt natürlich nicht wörtlich, aber immerhin ...

„Mädchen, du träumst ja mit offenen Augen", meinte Randy dicht neben ihr. „Da hast du eine Tasse Kakao. Woran denkst du denn?"

„Eigentlich an nichts. Ich taue allmählich auf, glaube ich."

Er setzte sich, stützte das Kinn in die Hand und starrte sie an. „Macht es dir was aus, wenn ich dir dabei zusehe?"

„Zusehen? Wobei denn?" fragte sie mit einem schüchternen kleinen Lachen.

„Beim Auftauen. Ich sehe es gern, wenn Mädchen auftauen."

„Sieh' dich vor diesem Knaben da vor!" warnte Jeff. „Seine Bemerkungen erscheinen immer ganz harmlos — und dann siehst du, was dahinter steckt! Er ist fürchterlich!"

„Halt die Klappe", machte Randy aus einem Mundwinkel heraus.

Warum fand sie ihn nur so unaussprechlich anziehend? Vielleicht war es sein blondes Haar, zusammen mit seiner gebräunten Haut, seinem netten, fast lausbubenhaften Aussehen und seinen kräftigen Ausdrücken. Aber warum sagte sie nichts? Sie lächelte ihn etwas unglücklich an, sie mochte ihn, sie wäre mit ihm gern in irgendeiner Weise ins Gespräch gekommen und war doch ganz und gar unfähig dazu.

„Ich habe an meinen Onkel gedacht", platzte sie schließlich heraus.

„An deinen Onkel?" Randy sah sie verblüfft an. Dann wandte er sich zu den anderen um und sagte: „Hier ist ein Mädchen, das über seinen Onkel nachdenkt!" Alle Augen richteten sich sofort auf Barbara.

„Onkel?"

„Warum denn um Himmels willen?"

„Was ist denn los mit deinem Onkel?"

„Ich hab' schon von 'ner ganzen Menge drolliger Sachen gehört, die man tun kann, aber ..."

„Nun sag's schon", beharrte Randy. „Was hast du über deinen Onkel gedacht?"

„Nun, also", meinte Barbara etwas atemlos, denn sie war im Begriff, eine der phantastischen Geschichten ihres Vaters zu übernehmen, und hoffte nur, daß sie ihr ebenso gut gelingen würde wie ihm... „Also, er wohnt bei uns. Nur — zur Zeit ist er ein Schäferhund —" Wenn jetzt niemand darauf ansprang, so war sie verloren.

Aber Randy — er war wirklich wundervoll — zog die Stirn in Falten und meinte: „Armer Kerl. Wie ist er nur in diese Lage geraten?"

„Er hat mit einer Hexe über die Kunst der Verwandlung gewettet und verloren!"

Alle brachen in Gelächter aus. Barbara lächelte glücklich und fuhr fort: „Jetzt stellt er alles mögliche an, um sich wieder zurückzuverwandeln, aber er weiß nicht, wie er's machen soll."

„Natürlich wieder durch Hexerei — das ist ja klar", sagte Randy.

„Vielleicht Runen oder so was ähnliches", schlug Margaret vor.

„Er könnte ja irgend etwas von hinten nach vorn auswendig hersagen — vielleicht Beards Weltgeschichte. Was Schwieriges jedenfalls!"

„Könnte er nicht Nadeln in eine Stoffkatze stecken?" fragte Connie.

„Sei nicht so widerlich", erboste sich Alice. „Und wie soll er die Nadeln anfassen?"

„Die Sache ist die: versucht er wirklich, sich zurückzuverwandeln", warf Max ein, „— oder meinst du nur, daß er's tut?"

„Er dreht sich doch immer rechts herum!" erklärte Barbara.

„Vielleicht sollte er es dann lieber mal links herum versuchen."

„Eben", meinte Randy, „man weiß ja nie, wie solcher Zauber eigentlich wirkt."

Barbara wurde es ganz schwindelig über ihren Erfolg, und sie überließ die Sorge um ihren Onkel Hector den anderen. Sie waren schon bei der zweiten Tasse Kakao angelangt, ehe sie ihn endlich kopfschüttelnd und kichernd aufgaben und sich der fürs Frühjahr geplanten Aufführung der Theatergruppe zuwandten. Barbara fühlte sich warm und geborgen, hörte aufmerksam zu und schwieg wieder. Einmal fiel ihr Blick auf Bud Parker. Auf seinem Gesicht lag der Ausdruck einer etwas gezwungenen Fröhlichkeit, den sie nur zu gut an sich selbst kannte, und sie fand, daß sie eigentlich ein paar Worte mit ihm reden sollte. Eben als eine, die dazu gehört, die ihrer selbst sicher ist, sollte sie mit ihm reden und ihn in das Treiben hineinziehen. Aber sie verhärtete ihr Herz und sah von ihm weg. So sicher und so dazugehörig fühlte sie sich auch wieder nicht — nicht auf lange Sicht jedenfalls, und sie war nicht bereit, sich mit einem anderen Außenseiter einzulassen und zu riskieren, daß... ja, was eigentlich? Sie vermochte es nicht zu sagen, aber was es auch sein mochte — sie würde es nicht tun. Sie sah Bud nicht mehr an, bis sie fortgingen, und auch dann nur, um ihm kurz ‚Auf Wiedersehen' zu sagen.

In dieser Nacht lag sie noch lange wach. Die Hände unter dem Kopf verschränkt und ein kleines Lächeln auf den Lippen, überdachte sie den Abend noch einmal, dachte an Randys Gesicht, rief sich den Klang irgendeiner Stimme wieder ins Gedächtnis, irgendeinen treffenden Satz. Sie erinnerte sich, fast wider Willen, auch an Buds stilles dunkles Gesicht. Denke nicht mehr an ihn, sagte sie zu sich selbst. Meine Güte, du bist doch nicht verantwortlich für ihn...

Wieder versuchte sie sich Randys Gesicht ganz deutlich zu vergegenwärtigen. Sie waren im Wagen seines Vaters zusammen nach Hause gefahren, und der Zufall wollte es, daß Barbara als letzte abgesetzt werden mußte. Ein paar Straßen entlang hatten sie beide allein auf dem Rücksitz gesessen und sich unterhalten. Mr. Lawson hatte sich nicht daran beteiligt; er hatte tatsächlich während der ganzen Fahrt nicht mehr gesagt als „Guten Tag" und „Auf Wiedersehen". Er war ganz anders als Mr. Irwin. Nicht eigentlich schweigsam, aber vielleicht mit irgend etwas zu sehr beschäftigt, legte es sich Barbara schließlich zurecht und dachte dann nicht mehr an ihn. „Was macht eigentlich Mr. Irwin?" fragte sie Randy. „Mir ist, als hätte ich ihn schon irgendwo gesehen..."

„Er arbeitet in der Hoganschen Apotheke."

„Ach ja, richtig." Jetzt erinnerte sie sich auch. Mr. Irwin war Apotheker, und die Hogansche Apotheke führte nur Medikamente, so daß Barbara kaum je dorthin kam, nur manchmal mit ihrer Mutter und ganz selten auch allein, wenn sie etwas auf Rezept abholen mußte. Er hatte sich ihrer erinnert, während sie nicht gewußt hatte, wo sie ihn ohne seinen weißen Mantel unterbringen sollte.

„Behält er eigentlich alle Namen, die er einmal hört?" erkundigte sie sich.

„Oh, Mr. Irwin ist immer richtig nett", meinte Randy. Sein Blick glitt zu seinem Vater hinüber und kehrte eilig zu Barbara zurück. „Das war ein Spaß heute abend, was?" sagte er rasch.

„O ja, und ob!" Sie seufzte ein wenig. „Es hat mir so gut gefallen."

„Ja, großartig." Er zog seine Handschuhe aus, schlug sie gegeneinander und breitete sie dann sorgsam auf seinen Knien aus. „Du darfst mich nicht mißverstehen", fing er mit ein wenig zu lauter Stimme wieder an. „Ich finde nicht, daß alle Menschen immer nett und freundlich zu einem sein müssen. Ich wollte nur sagen, daß Mr. Irwin eben so ein Mensch ist — einfach freundlich."

„Ja, das ist er wohl", meinte Barbara ein wenig verwirrt. Und dann verstand sie. Randy sprach im Grunde mit seinem Vater und nicht mit ihr. Es war eine dieser unterirdischen Familienangelegenheiten. Und so deutlich, als hätte sie es mit angehört, erriet Barbara die Unterhaltung, die von Zeit zu Zeit bei Randy zu Hause stattfand. Sie hörte Mrs. Lawson förmlich sagen: „Ich verstehe einfach nicht, warum du nicht ein bißchen netter zu Randys Freunden sein kannst." Und sie hörte auch, wie Mr. Lawson erwiderte: „Ich fahre sie doch, oder nicht? Was willst du denn noch mehr?" Und dann Randy: „Aber gar nichts, Dad. Es ist fein, daß du uns fährst — ich meine, ich verlange wirklich nicht mehr." Man konnte aus diesem kurzen und einseitigen Familiengespräch im Wagen nicht entnehmen, ob Mr. Lawson wirklich von Natur unfreundlich war und seine Frau und seinen Sohn — sie wußte nicht, ob Randy noch Geschwister hatte — unglücklich machte, oder ob er einfach einer der Stillen war und ihm nichts einfiel, was er mit Randys Freunden hätte reden können. Nur eines merkte sie genau: Randy achtete überhaupt nicht auf sie, Barbara Perry, wenn sein Vater etwas sagte. Er schien sich die ganze Zeit zu überlegen, was er zu ihm sagen würde, wenn sie ausgestiegen war, und das machte ihn ein bißchen verkrampft.

Jetzt lag sie im Bett, und das Lächeln verschwand allmählich von ihrem Gesicht. Wie schrecklich mußte das sein, sich immer Gedanken darüber machen zu müssen, was man zu seinen Eltern sagen sollte. Vermutlich war seine Mutter ganz nett — eigentlich waren ja nie beide Eltern schwierig. Und bei mir sind sie es alle beide nicht. Ich bin eigentlich sehr glücklich dran. Das einzige ist, daß ich unausgesetzt darüber nachdenke. Ja, im Grunde unausgesetzt. Sie stand ihnen nicht mehr, wie es lange Zeit gewesen war, blind und kritiklos gegenüber. Während der letzten zwei oder drei Jahre war ihr — zugleich mit den Fragen, die plötzlich alle auf einmal auf sie einstürmten — klar geworden, daß auch ihr Vater und ihre Mutter Fehler hatten. Aber wenn man sie mit anderen Eltern verglich, dann kamen sie recht gut dabei weg. Barbaras größter Kummer war, daß sie nichts ganz ernst zu nehmen schienen, und daß sie einfach zu gutmütig waren. Wenn man es so in Worte faßte, klang dieser Einwand lächerlich, aber Barbara wußte genau, was sie damit sagen wollte. Es war einfach niederdrückend, in einem Hause leben zu müssen, in dem die jüngeren Familienmitglieder das ganze Leben höchst bedeutungsvoll und die älteren es jedenfalls interessant fanden, während man selbst ganz allein mitten dazwischen stand und das Leben manchmal so reizlos und dann wieder so grausam fand, daß es kaum zu ertragen war. Andrew und Richard konnte man es ja nachsehen — auch wenn man sie nicht ganz verstand — eben weil sie noch so jung waren. Und ihr Vater und ihre Mutter waren ja auch nicht gerade dumm, sie fanden gewiß nicht, daß das Leben ein einziger Spaß sei und randvoll von schönen Dingen. Ihre Mutter zum Beispiel war tief erschrocken und bekümmert, als Ungarn besetzt wurde, aber es lag ihr nicht, dumpf über verwaiste Kinder und hungrige und leidende Menschen nachzugrübeln wie Barbara — wenn sie überhaupt daran dachte. Nein, Mutter sammelte Geld und Kleider zum Verschicken, sie arbeitete schwer und sprach nicht darüber. Ihr Vater war häufig recht deprimiert über die mißliche Lage im Lehrerberuf. Und da er keine so starke Natur war wie ihre Mutter, konnte er nichts anderes tun als darüber reden.

„Wenn man an einem so schönen Herbstabend heimfährt, fängt man an nachzudenken", fing er gewöhnlich an. „Da ist die Natur um einen her ... der Himmel ist grau wie Kaugummi und in den Büschen am Straßenrand hängen lauter gebrauchte Papiertaschentücher... also, da fängt man eben an, über den menschlichen Charakter nachzusinnen und über alles, was im Namen der Erziehung getan wird... und da, kann ich euch sagen, wird einem die Kehle eng und die Tränen kommen einem in die Augen ..." Dann rieb er sich den Nacken, seufzte und ließ sich von seiner Frau erzählen, was sie seit zwei Uhr nachmittags gedacht hatte — aber er verbat sich alle phantastischen Zutaten. „Realitäten", meinte er, „das ist's, was ich will. Wißt ihr schon, was einmal ein Patient zu einem Psychoanalytiker sagte: ‚Irgend etwas stimmt mit der Wirklichkeit nicht, Doktor, sonst ist bei mir alles in Ordnung.' Eben daran will ich nicht denken, also bitte liefert mir Tatsachen."

Hatten sie nie das Bedürfnis, zu fluchen oder Türen zuzuschlagen oder Dinge zu sagen, wofür man sich später entschuldigen mußte? Offenbar nicht, dachte ihre Tochter — und gerade das machte sie ihnen zum Vorwurf. Nicht immer, nicht einmal sehr häufig, aber doch von Zeit zu Zeit, und dann mit aller Schärfe.

Ein belegtes Brot!" rief Mr. Perry aus. „Gerade das habe ich mir gewünscht!"

Andrew lachte. „Aber das ist doch kein Brot — es ist ein Notizbuch!"

Mr. Perry betrachtete sein Geschenk sorgfältig. Zwei hölzerne Deckel, dazwischen ein Papierblock. An einer grünen Schnur baumelte ein Bleistift. Und alles selbst gebastelt! „Richtig —" meinte er, „genau das, was ich für meinen Schreibtisch brauche."

„Ich hab's mir gedacht!" meinte Andrew zufrieden. Niemals kamen ihm Zweifel, was Geschenke anbetraf, weder über seine eigenen noch über solche, die er anderen machte. Die bloße Tatsache, daß ein Gegenstand ein Geschenk war, ordnete ihn einer besonderen Kategorie ein und ließ weder Kritik noch die Unsicherheit zu, es könne nicht ganz das Richtige sein. Richard hingegen war hier wie in anderen Dingen schüchtern, obwohl man ihn nicht gerade für allzu nachgiebig halten würde, dachte seine

Mutter. Richard stellte keine hohen Ansprüche an das Leben und verhielt sich Menschen, Worten und Geschenken gegenüber zurückhaltend. Ja, eigentlich allem gegenüber — mit Ausnahme von Tieren, mit denen er ganz offensichtlich auf sehr freundschaftlichem Fuße stand. Während Andrew eifrig und natürlich auch oft irrigerweise von vornherein annahm, daß alles zum Besten geschah, verhielt sich Richard lieber abwartend. Sie erinnerte sich genau, wie er einmal in seinem ersten Schuljahr nach Hause gekommen war und verkündet hatte, daß er in einem Theaterstück mitspiele.

„Pandora", erklärte er mit seiner sanften Stimme. „Das Stück handelt von Pandora."

„Oh, die kenne ich", hatte Mrs. Perry erwidert. „Was kommt doch noch alles aus ihrer Büchse?"

„Die Hoffnung", hatte er ernsthaft gesagt, „und eine Menge übler Dinge."

„Und was spielst du, mein Schatz?" hatte sie mit einem leisen Lachen gefragt, in dem sich Liebe und Zärtlichkeit mischten. Sicherlich liebte man seine Kinder immer — aber es gab Augenblicke, dachte sie, die alle alltäglichen Gefühle übersteigen, Augenblicke der Zuneigung, die einen mit einer plötzlichen, überraschenden Freude erfüllen, als würde man mit einem Male von Sonne und Wärme überflutet.

„Ich bin eins der Übel", erklärte er.

„Ein sehr schlimmes?"

Er überlegte, dann schüttelte er den Kopf. „Nein, ein ganz gewöhnliches Übel."

O du Liebes, hatte sie gesagt, aber nur ganz leise für sich. Das sieht dir wieder einmal ähnlich — und ich liebe dich, so wie du bist.

Ja, dachte sie an diesem Weihnachtsmorgen, während sie das fröhliche Durcheinander von Papier und Paketen überblickte und auf den Baum sah, dessen kleine Lichter in dem strahlenden Licht dieses sonnigen schneehellen Wintermorgens bleich wirkten, auf ihre beiden Söhne, auf ihre Tochter und ihren Mann, die alle noch in Morgenröcken und Pantoffeln herumliefen — denn wer denkt schon daran, sich am Weihnachtsmorgen anzuziehen? — ja, dachte sie, Andrew und Richard sind völlig eins mit sich selbst. Sie wußte wirklich nicht, welche gute Fee an ihrer Wiege gestanden und gesagt hatte: „Sie sollen eins mit sich sein!", aber jedenfalls waren sie so geworden. Als ihre Mutter konnte sie nur ehrfurchtsvoll staunen und dankbar sein. Und sie dachte dabei nicht einmal in erster Linie an sich selbst, sondern daran, was es einmal für die beiden Jungen bedeuten würde, wenn sie zu Männern heranwuchsen. Und eben das machte sie bescheiden und erfüllte sie mit Dank.

Hal und ich sind gewiß nicht so, dachte sie und warf einen raschen Blick zu ihrem Mann hinüber, der gerade seinen kaltgewordenen Kaffee austrank und den Schlips, den ihm Barbara geschenkt hatte, über seinem Pyjama anprobierte. Ich möchte sagen, daß wir ziemlich fest mit beiden Beinen auf der Erde stehen und auch ganz gut mit unseren Mitmenschen auskommen. Wir haben Liebe erfahren, wir sind glückliche Menschen, und wir wissen das. Aber Hal neigt dazu, Kompromisse mit dem Leben einzugehen. Manchmal gibt er sich sogar zynisch, wenn er auch dabei nie bösartig wird. Und ich? Ich mag Spargelkraut und werfe es trotzdem fort, nicht weil jeder es tut, sondern weil ich mir nicht sicher bin, ob das Zeug nicht doch ganz greulich ist. „Geben Sie sich nicht mit Spargelkraut ab", hatte der Artikel in der Zeitschrift geraten. „Es ist zu töricht, und außerdem streut es!" So werfe ich es also gehorsam fort, bedaure es aber zugleich und frage mich, wo eigentlich meine Überzeugungen bleiben. In so vielen Dingen bin ich mir meines Urteils gar nicht sicher. Ich denke immerzu: „Soll ich es wagen? Ist das auch richtig?" Und weitaus häufiger, als ich es Hal oder den Kindern eingestehen kann, weiß ich es nicht.

Die Bücher über Kinderpsychologie — und sie hatte zahllose gelesen, die sich alle auf das Entschiedenste widersprachen — stimmten wenigstens darin überein, daß man wissen müsse, was man selber will, ehe man Kinder erziehen wolle.

Ja, man sollte wirklich klar denken können, wenn man ein anderes menschliches Wesen durch das Labyrinth der Kindheit zu lebenstüchtiger Reife hinführen wollte, oder wenigstens zu einen vernünftigen Zustand, der ihr einigermaßen nahe kam.

Ich hasse das Wort „man sollte", dachte sie. Es ist, als stünde jemand mit geschwungener Peitsche neben einem. Es schlägt nie zu, es steht nur da und hält die Peitsche in der Hand, dieses allmächtige „MAN SOLLTE". Und ich werde immer wieder „Nein" sagen, ehe ich darüber nachgedacht habe, werde mich hinterher verbessern müssen und meine Kinder in Verwirrung bringen. Ich müßte sie eigentlich im Laufe der Zeit in einem Maße verwirrt haben, wie es überhaupt nie wieder gutzumachen ist. Und dennoch... da sind die beiden, Andrew und Richard, und freuen sich ihres Lebens. Was kann man eigentlich Besseres verlangen als Freude am Leben — an allem, was es für einen bereithält? Schließlich muß ich doch auch irgendwie daran beteiligt sein, daß sie so geworden sind...

Das Telefon klingelte, und Barbara ging zum Apparat. Sie schlenderte ganz gemächlich hinüber, als sei sie überhaupt nicht am Telefon interessiert, aber ihr Gesicht hatte einen gespannten Ausdruck, und als sie die Stimme am anderen Ende der Leitung erkannte, wurde ihre Haltung noch ein bißchen steifer.

„Ich bin's selber", sagte sie und wartete. „Ja, natürlich, Bud... nein, überhaupt nicht, nett von dir... Oh, einfach herrlich. Weihnachten ist so... Ja, eben, das wollte ich gerade sagen... es ist ein herrlicher Tag."

Eine längere Pause trat ein, während der Barbara die Telefonschnur zwischen den Fingern drehte und gereizt gegen die Zimmerdecke starrte. Mrs. Perry wußte — jedenfalls ungefähr —, was in ihrer Tochter vorging, und sie beschloß, gleich am nächsten Tag die Telefongesellschaft anzurufen. Ein Zweitapparat mußte her — im Bastelraum, im Nähzimmer oder auch in irgendeinem Schrank. Lieber Himmel, es würde für sie alle bequemer sein, nicht nur für —

„Das ist schade", sagte Barbara, „ich kann leider nicht. Nein, das nicht... Ich muß am Freitag abend auf meine Brüder aufpassen, ja... meine Eltern gehen aus..." sie vermied es, zu ihrer Familie hinüberzusehen, als sie das sagte. „Ja ... ja, wirklich, es tut mir auch leid, aber du weißt ja, wie das ist... Ja, Wiedersehen, Bud."

Sie legte auf, ging sehr langsam wieder zu dem Sessel zurück, um den herum ihre Geschenke aufgebaut waren, und sagte schließlich, als wolle sie sich verteidigen: „Was sollte ich denn sagen? ‚Es tut mir leid, aber ich habe keine Lust, mit dir ins Kino zu gehen?' Ist es denn nicht netter, zu sagen, was ich gesagt habe? Daß ich das Haus hüten muß oder sonst was? Vielleicht geht ihr ja auch wirklich am Freitag aus? Woher wollt ihr denn wissen, daß ihr es nicht tut?"

„Wer hat denn nur das Leiseste gesagt?" wollte Mr. Perry wissen. „Mir scheint, deine Entschuldigung klang ganz vernünftig und auch nicht unfreundlich. Was ist denn mit dem Burschen?"

„Nichts. Ich habe einfach keine Lust, mit ihm auszugehen."

„Nun ja, das mußt du entscheiden." Er sah seine Söhne an, die in Andrews Zauberkasten vertieft waren. „Ich bin eigentlich kein Freund von Lügen, nicht einmal von Notlügen, aber manchmal —" Er brach ab und zuckte die Achseln. Sie hörten ihm ja doch nicht zu.

„Mutter", meinte Barbara, „ist es denn nicht möglich, einen weiteren Anschluß zu kriegen? Es ist einfach unmenschlich, wenn man telefoniert und jeder hört einem zu . . ."

„Ich habe gerade daran gedacht", meinte Mrs. Perry. „Morgen rufe ich bestimmt deswegen an, mein Liebes."

Barbara sah immer noch verstimmt aus. Und man kann es ihr nicht übelnehmen, dachte Mrs. Perry. Ich muß schon zwanzigmal versprochen haben, daß ich bestimmt noch einen Anschluß anbringen lasse, und aus irgendeinem Grunde habe ich's immer wieder verschoben. Nein, eigentlich ohne jeden Grund. Ich habe es ganz einfach vergessen. Aber für Barbara ist es so wichtig. Man sollte nicht glauben, daß ich mich nicht mehr darum gekümmert habe. Nun ja, Barbara hat in den letzten Jahren oft ausgefallene Wünsche gehabt. Aber daß sie einen Platz haben möchte, wo sie in Ruhe telefonieren kann, ist verständlich.

„Entschuldige, Liebling", meinte sie. „Ich will es immer tun, aber dann verschiebe ich es wieder. Man sollte wirklich meinen, ich hätte weiß Gott was zu tun, daß ich immer so viel vergesse!"

„Oh, macht nichts . . ." meinte Barbara nur. Es sollte freundlich klingen. „Was für ein schöner Pullover, Mom.

Ich geh' mal eben nach oben und probiere ihn an." Da stand sie nun, sammelte ihre Geschenke zusammen und lächelte ihren Eltern zu. „Es war wirklich ein schönes Weihnachten!"

„Was soll das heißen — ‚war'?" entgegnete Andrew, ohne von dem bunten Durcheinander seines Puzzlespiels aufzusehen, das er wieder zusammenzusetzen versuchte. „Es ist doch noch nicht vorbei. Wir haben noch Stunden vor uns, und dann das Marionettentheater!"

„Vielleicht wollte ich nur sagen, daß die Bescherung vorüber ist", meinte Barbara, und ihre Stimme zitterte ein wenig. „Es ist meine Sache, wenn Weihnachten für mich damit zu Ende ist." Sie ging hinaus, das Kinn in die Luft gereckt und ein wenig steif im schlanken Rücken.

Mr. und Mrs. Perry sahen sich an. Es war ein schweigender Austausch von Blicken, die zwar viel sagten, aber, wie Mrs. Perry fand, alles in der Schwebe ließen. „Möchtest du noch Kaffee?" fragte sie ihren Mann und seufzte.

„Gern, Letty, sehr gern sogar." Er stand auf, fuhr Richard zärtlich über den Kopf und ging in die Küche hinüber. Der Frühstückstisch war noch nicht abgeräumt. Er schob das Geschirr beiseite, um etwas Platz für sich und seine Frau zu schaffen, und zündete die Gasflamme unter dem Kaffeetopf an. Als seine Frau hereinkam, wandte er sich um. „Ich habe übrigens gestern mit Ted Palmer gesprochen", sagte er. „Kannst du dich noch an ihn erinnern? Er war an der Medizinischen Fakultät."

„Dr. Palmer? Ja, ich erinnere mich."

Sie goß Kaffee in zwei Tassen, und sie setzten sich und zogen ihre Stühle an den Tisch heran. Wie Leute, die sich zu einer Konferenz zusammensetzen, kam es ihr in den Sinn. Es machte sie ein wenig nervös. Warum beunruhigte sie die Aussicht auf ein ernstes Gespräch immer auf eine unbestimmte Weise, selbst wenn es notwendig, ja sogar ihr ganz erwünscht war? Sie nahm an, daß es aus ihrer Kindheit zurückgeblieben war, eine Erinnerung an die Schule, wenn der Lehrer einen aufforderte, nach dem Unterricht noch ein paar Minuten dazubleiben. Oder vielleicht fühlte sie sich auch an den Augenblick nach einer ärztlichen Untersuchung erinnert, wenn der Arzt sich einem gegenübersetzt und man herauszufinden versucht, was er herausgefunden hat oder einem davon mitzuteilen gewillt ist. Es war nicht so, daß sie sich scheute, den Dingen ins Gesicht zu sehen — wenigstens war sie bereit, es zu versuchen —; dieser Anflug von Widerstand ging einfach allen ernsten Augenblicken voraus. So war es ihr ganzes Leben lang gewesen. Sie fragte sich, ob es Barbara wohl ebenso ging, ob das vielleicht erklärte, warum sie so selten bereit war, über ihre Sorgen und Nöte zu sprechen. Oder jedenfalls, verbesserte sich Mrs. Perry, sie mit uns zu besprechen. Tut sie es vielleicht mit ihren Freunden? Mit ihren Lehrern?

„Vielleicht mag sie es einfach nicht mit uns bereden", sagte sie plötzlich laut. „Es gibt Kinder, die das nicht mögen. Ich erinnere mich auch ganz genau, daß ich nie mit meiner Mutter sprechen mochte, jedenfalls nicht über irgend etwas Ernsthaftes, irgend etwas, das mir wirklich nahe ging. Das heißt, von dem Augenblick an, als ich eben in meine Entwicklungs- meine Backfischjahre kam. Vorher war alles in Ordnung und auch hinterher. Auch mit Barbara ging eigentlich alles gut — bis vor wenigen Jahren. Bis vor drei Jahren, genau genommen. — Was ist denn mit Ted Palmer?"

„Er hat mir gesagt, seine Tochter sei genauso. Ich habe mich ganz allgemein mit ihm über Kinder in den Entwicklungsjahren unterhalten ... Was hast du denn?"

„Nichts. Nur eine dumme Reaktion auf ein Wort. Ich mag das Wort eben nicht."

„Und warum nicht?"

„Ich weiß nicht, vielleicht klingt es mir zu ... zu medizinisch."

Hal runzelte die Stirn, hob die Hände und ließ sie wieder sinken. „Also gut, nenne sie junge Leute. Ich habe ihn also wegen der jungen Leute gefragt." Seine Frau lächelte. „Wie gesagt, er meinte, seine Tochter sei genauso, wie ich Barbara beschrieb. Dünnhäutig, völlig in sich eingesponnen und launisch. Palmer meint, daß es — was viele übersehen oder einfach nicht wüßten — zum großen Teil einfach mit den Hormonen zusammenhängt. Nicht etwa, daß Hormone eine einfache Angelegenheit sind, natürlich nicht. Jedenfalls aber handle es sich nicht so sehr um einen ganz persönlichen Konflikt, als vielmehr eben um eine hormonale, eine zeitweilige Unausgeglichenheit. Manche Jugendliche haben es während dieser Zeit sehr schwer, und das einzige, was man tun kann, ist abwarten. Man soll ihnen helfen, so gut man kann, aber auch nicht in Panik ausbrechen, wenn Johnny seine guten Manieren samt und sonders vergißt und Sally losheult, sobald man feststellt, daß draußen die Sonne scheint."

„Du zitierst Dr. Palmer?"

Mr. Perry nickte. „Ich dachte, es könnte vielleicht was nützen."

„Ja, zweifellos — in gewisser Weise. Aber Barbara... sie tut mir so leid."

„Mir geht's nicht anders", sagte ihr Mann kopfschüttelnd, „und damit wären wir nun zu dritt, denn sie selber tut sich fraglos auch sehr leid."

Inzwischen hatte Barbara es aufgegeben, sich selbst zu bedauern. Sie war verletzt und ärgerlich in ihr Zimmer gekommen, ohne sich zu fragen, ob über sich selbst oder über ihre Eltern. Hingegen legte sie sich ernsthaft die Frage vor, warum sie immer dieses unbehagliche Gefühl hatte, daß man ihr Unrecht tat und sie zugleich auch unrecht hatte. Jeder war imstande, sie so empfinden zu lassen. Ein Lehrer, ein völlig Fremder — nur weil er sie ansah —, Bud Parker, ihre Brüder, ihre Eltern. Ob sie es nun beabsichtigten oder nicht — wenn sie ehrlich war, mußte sie zugeben, daß es im allgemeinen wirklich ohne Absicht geschah — gar zu leicht entstand in ihr das Gefühl, mißverstanden und falsch behandelt zu werden.

Bud Parker also... warum mußte er gerade sie anrufen? Weil er annahm, sie würde sich leicht dazu überreden lassen, mit ihm ins Kino zu gehen, und weil es bei anderen Mädchen weniger leicht ging? Oder hatte er womöglich schon die eine oder andere angerufen und eine Absage bekommen? Ich habe ihm ja auch abgesagt, erinnerte sie sich. Ja, aber in ihrer Absage hatte dieser fatale Entschuldigungston geklungen. Als hätte sie gar nicht das Recht, irgendjemandem eine Bitte abzuschlagen. Und dann hatte sie auch noch erklärt, daß sie auf ihre Brüder aufpassen müßte! Warum hatte sie nicht eine etwas elegantere Ausrede gefunden? Zum Beispiel: „Nein, Bud, es tut mir leid, aber ich habe etwas anderes vor." Oder: „Nein, vielen Dank für deinen Anruf, aber ich kann leider nicht." Wozu immer diese Erklärungen? Und noch dazu falsche Erklärungen!

Aber es war immer dasselbe. Nicht nur mit Verabredungen, an denen ihr nichts lag. Irgendjemand bat sie um irgend etwas ganz Unvernünftiges, und sie wußte nichts Besseres zu tun, als einzuwilligen. Zum Beispiel, wenn Mrs. Mumford, die Englischlehrerin, zu ihr sagte: „Barbara, würde es dir etwas ausmachen, in der Mittagspause rasch zur Drogerie hinüber zu laufen und mir eine Packung Aspirin zu holen? Ich komme einfach nie dazu! ..." Innerlich kochend und äußerlich widerwillig, aber lächelnd ging sie dann los und vertat ihre halbe Mittagspause damit, und warum? Weil ich nicht die Spur Charakter habe, antwortete sie sich. Mrs. Mumford könnte genau so gut selbst ihre verdammten Aspirintabletten holen und mir nicht meine Mittagspause verpatzen, um sich ein paar Minuten und einen kurzen Gang zu sparen, aber ich habe eben nicht den Mumm zu sagen: „Es tut mir sehr leid, aber ich habe mich mit Katy Stryker zum Mittagessen verabredet, um mit ihr noch ein paar Arbeiten durchzugehen." Und dann komme ich zu spät zu meiner Verabredung mit Katy, und sie ist verärgert, und wenn ich ihr dann erkläre, daß ich Aspirin für Mrs. Mumford geholt habe, erinnert sie mich auch noch daran, daß ich beim letzten Mal ein paar Arbeiten für Sonia Bemis, die Klassenälteste, ins Konferenzzimmer hinuntertragen mußte. Sie habe jetzt beim besten Willen keine Zeit, und ... „aber, Barbara, wenn du es tun wolltest, — es wäre mir recht! Vielen Dank ..." Und was hatte Sonia inzwischen getan? Wahrscheinlich sich mit einem von der Fußballmannschaft getroffen ...

Wenn sie nur eine Spur dümmer wäre und sich einreden könnte, daß sie eben von Natur großzügig war und sich gern ausnutzen ließ, dann wäre alles viel leichter. Aber so war sie nur wütend und hilflos und hörte sich immer wieder sagen: „Aber es macht mir überhaupt nichts aus. Ich freue mich, daß ich helfen kann." So eine — so eine *Heuchlerin* war sie!

Barbara lag immer noch auf ihrem Bett, mitten zwischen all ihren Geschenken, und kniff bei dieser unangenehmen Erkenntnis die Augen zusammen. War ich denn schon immer so? Unsicher war ich stets, aber es war doch nicht immer *so* schlimm. Ich weiß noch, wie ich nicht zu Kindergesellschaften gehen wollte, als ich klein war. Warum, weiß ich nicht mehr, ich habe mir wohl nie viel daraus gemacht. Und da blieb ich auch hart. Ich log zwar und sagte, ich müßte irgend etwas für meine Mutter tun, oder ich ginge mit meinem Vater irgendwohin, aber ich sagte doch immerhin „nein", wenn ich nicht wollte. Wann habe ich nur angefangen, zu allen Bitten „ja" zu sagen und so entsetzlich darunter zu leiden, wenn ich mal „nein" sage? Mache dir nichts vor, sagte sie zornig zu sich selbst, du hast jetzt ein dummes Gefühl, weil du eine Verabredung abgesagt und nun Sorge hast, daß Bud dich womöglich nicht mehr nett findet. Was bedeutet es schon, ob er dich mag oder nicht? Darum geht es ja gar nicht. Ganz gleich, ob es etwas bedeutet oder nicht — es bringt dich einfach zur Verzweiflung, wenn du denkst, irgend jemand könnte dich nicht mögen. Und dann macht Andrew noch eine Bemerkung, die dich aufbringt, und da sitzt du nun am Weihnachtstag in deiner Bude und bläst Trübsal.

Nach einer Weile verging diese Stimmung reuevoller Selbstbezichtigung. Barbara betrachtete den Pullover, den ihr die Mutter geschenkt hatte. Er war aus lavendelblauem Orlon, weich wie Kaschmir, mit einem taubenblauen Einsatz am Hals. Er würde himmlisch aussehen zu ihrem dunkelroten Schottenrock, wenn sie ein schmales fliederfarbenes Band in ihrem langen Haar trug. Mochten die anderen ihren kurzgestutzten Bohème-Schnitt spazierentragen! Es gab eben Mädchen, die überhaupt keinen Sinn für weibliche Reize hatten. Sogar Margaret Obemeyer gehörte ein bißchen dazu mit ihrem kurzen Haar, ihren kurzgeschnittenen Nägeln und ihrer Vorliebe für Blue Jeans, die sie trug, wo immer es möglich war. Aber Margaret war dennoch ein reizendes Mädchen. Sie hatte gestern eine Bemerkung fallen gelassen, daß man sich häufiger sehen sollte, aber natürlich wußte man nie, was das zu bedeuten hatte — jeder konnte es auslegen, wie er mochte.

Warum mußte ausgerechnet Bud anrufen? Waren sie nicht gestern abend alle zusammengewesen, hatten sich vergnügt, gelacht und geschwatzt? Randy und Max hatten doch auch ihren Spaß an „Onkel Hector" gehabt. Warum hatte denn nicht einer von ihnen angerufen und gesagt: „Wie wär's denn Freitagabend mit dem Kino, Barbara?" Sehr gegen ihren Willen fiel ihr mit einem Male wieder Buds ruhiges Gesicht ein. Mein Gott, wenn ich mit ihm ausginge, hätte ich bei den anderen einfach keine Chance mehr. Er gehört nicht zu ihnen, und man würde sofort auch mich für einen Außenseiter halten. Und um es ganz genau zu sagen — es würde ihm mit mir nicht anders gehen. Also tu ich ihm in gewisser Hinsicht sogar einen Gefallen ...

Nun *laß* es aber gut sein, Barbara, meinte sie dann zu sich selbst in einem Augenblick vollkommener Aufrichtigkeit. Wenn du schon eine Heuchlerin bist, so sei es wenigstens ganz.

Sie mußte ein wenig lächeln. Der Satz gefiel ihr. Manchmal dachte Barbara, sie möchte vielleicht am liebsten Schriftstellerin werden. „Barbara Perry? Ich lese jedes Wort von ihr. Ist sie nicht fabelhaft? So viel Gefühl und ein so tiefes Verständnis ... Es ist mir unfaßlich, wie sie das fertigbringt." Barbara Perry spricht im Frauenverein der Stadt, auf einer Flugreise zwischen New York und Kalifornien. „Sie unterbricht ihre Reise immer hier in ihrer Heimatstadt. Ich finde das einfach wunderbar, wo doch jede Minute für sie kostbar ist!" Ein hinreißend geschnittenes Deux-Pièces aus feinster schwarzer Wolle, dazu ein italienischer Seidenschal und sehr schmale italienische Pumps.

„Aber natürlich erinnere ich mich an Sie ... Randy ... Randy Lawson! Wie nett, Sie wiederzusehen ... Erinnern Sie sich noch an den Abend, als wir alle zusammen im Schnee Weihnachtslieder gesungen haben? ... Aber ja, ich will gern meinen Namen für Sie hineinschreiben ..." In ihr eigenes Buch — ihr sechstes —, einen Bestseller, der die ganze Welt begeistert. „Für Randy in Zuneigung ... nein, in herzlicher Erinnerung ... Barbara Perry."

Einmal war Barbara mit ihrer Mutter in den Frauenverein gegangen, als eine Schriftstellerin dort einen Vortrag hielt. Sehr berühmt war sie gewesen und ein bißchen schlampig angezogen — eine Enttäuschung. Dennoch war Barbara nach dem Vortrag zu ihr gegangen, hatte ihr bekannt, daß sie selber den Wunsch hätte, Schriftstellerin zu werden, und sie um Rat gefragt. Die Dame war sehr zerstreut und beschäftigt gewesen. Sie hatte den Blick nur kurz auf Barbara ruhen lassen und gesagt: „Der einzige Rat, den ich immer gebe und den man auch mir gegeben hat: viel schreiben, viel lesen und dann wieder viel schreiben." Vermutlich hatte sie geglaubt, das klinge irgendwie markig. Aber Barbara hatte es zu einer Antwort gereizt, und sie hatte gesagt: „Ach, das Schreiben geht ja ganz gut, aber Lesen macht mich immer so trübsinnig... ich möchte sagen, ich kann nicht einmal längere Briefe lesen..." Die Dame hatte ungläubig geblinzelt, kühl gelächelt und sich abgewandt. Barbara errötete jetzt, als sie sich daran erinnerte. Aber Frauen in einem gewissen Alter konnten Mädchen oft nicht leiden; offenbar wurden sie zu sehr an ihre verlorene Jugend oder an sonst etwas erinnert.

Sie wollte ihren dunkelroten Schottenrock, den neuen Pullover und das fliederfarbene Band für das Marionettentheater tragen. Es wäre doch nett gewesen, dachte sie beim Umziehen, wenn Randy oder Jeff angerufen hätten, oder auch Margaret oder Alice. „Barbara? Hier Margaret. Ich hab' mir gedacht, du würdest vielleicht..." Was? Ach, irgend etwas. Ob sie vielleicht mit ihnen eislaufen gehen wollte oder einfach um spazieren oder zu einem... Hast du nicht Lust, heute abend mit uns ein Haus auf den Kopf zu stellen?" — „Aber ja, Margaret, das wäre fein! Wann soll's denn losgehen?" Ach... Sie kicherte vor sich hin und rief sich wieder zur Ordnung. Wenn man erst anfängt, laut vor sich hinzulachen, war das nicht das erste Anzeichen dafür, daß man verrückt wird?

Aber das ist ja gerade das Schlimme, dachte sie, während sie vor dem Spiegel stand und sich das Haar bürstete. Sie legte die Bürste aus der Hand und trat dicht an den Spiegel, um das Mädchen dort genau zu betrachten. Vielleicht ist *sie* ganz wirklich, ich bin es jedenfalls nicht. Von Zeit zu Zeit überkam sie diese unheimliche Empfindung, als sei sie vielleicht gar nicht da, ein solches Gefühl des

Ausgeleertseins, daß sie meinte, keinen Körper mehr zu haben. Sie schauderte leicht und wandte sich ab. Mit herausfordernden, wohlüberlegten Bewegungen begann sie, ihr Zimmer aufzuräumen. Wenn man irgend etwas Handfestes tat, sich mit etwas beschäftigte, das einen in Bewegung hielt und wobei etwas herauskam, verging jene andere sonderbare Empfindung am ehesten und meist sogar, ohne daß man es recht merkte.

So... die beiden Höschen, die neuen Handschuhe, das Taschentuch von Richard mit einem Bild von Peter Rabbit darauf, wie er sich gerade in einem Wasserkrug versteckt, und obenauf die selbstgemachte Kerze von Andrew — alles wanderte in ihre Kommode. Den Kamelhaarmantel, ihren größten Schatz, hängte sie sorgsam in den Schrank, und der Karton, in dem er verpackt war, wurde unter das Bett geschoben. Man konnte nie wissen, wann man eine solch' hübsche, große Schachtel brauchen konnte! Nachdem sie noch die restlichen Kartons und Einwickelpapiere aufgelesen hatte, stand sie einen Augenblick da und sah sich um. War das alles? Oder war da noch irgend etwas, das sie vergessen hatte? Aber ihr forschender Blick vermochte nichts mehr zu entdecken, und so ging sie hinunter.

Im Wohnzimmer war ihr Vater gerade dabei, Papiere und Schachteln im Kamin zu verbrennen. Die weihnachtlichen Überreste gaben ein schönes, hell aufloderndes Feuer. Barbara reichte ihm ihr Teil hinüber und meinte: „Ist es nicht komisch... alles ist so schön und so kurz und — dann bleibt nichts als Asche übrig." Sie unterbrach sich, als vernähme sie mit einem Mal ihre eigenen Worte. Es war, als hätte ein anderer sie gesprochen, und doch hatte sie im voraus gewußt, daß es geschehen würde. Wie sonderbar. „Wußtest du, daß ich das sagen würde?" fragte sie ihren Vater.

Er warf ihr einen raschen Blick zu, zog den Ofenschirm vors Feuer und meinte: „Ich wußte — ich erwartete, daß du etwas Ähnliches sagen würdest."

„Warum?"

„Weil du dazu neigst, dir die Dinge dramatisch vorzustellen, mein Schatz."

„Du meinst abgedroschen?"

„Alles Dramatische ist häufig auch abgedroschen. Schließlich besteht die Menschheit schon eine ganze Weile, und im Grunde ist alles, was geschieht, trivial — abgedroschen, wenn du willst. Aber es macht weder das Leben noch das Dramatische darin weniger bedeutend, daß beides — bekannt ist."

„Bekannt?"

„Nun, daß sich vieles wiederholt und also vorhersagen läßt."

„Ja, das ist wohl so", sagte Barbara und setzte sich. „Wo sind denn die anderen?"

Mr. Perry zog sich ebenfalls einen Sessel heran und stopfte seine Pfeife. „Mutter ist oben und zieht sich um, und die Jungen sind unten — ich denke, sie geben der Sache noch den letzten Schliff." Er rieb ein Streichholz an seiner Schuhsohle an, stieß eine träge Rauchwolke in die Luft und schien zu einem Entschluß zu kommen. „Barbara... hast du irgendeinen Kummer? Ich meine, bedrückt dich irgend etwas, das wir miteinander bereden könnten? Vielleicht kann ich dir irgendwie helfen?" Er vermied es, sie dabei anzusehen, als könne ein unmittelbarer Blick sie in die Flucht schlagen. Aber sie spürte seine Besorgnis — etwas, das aus seinem innersten Wesen drang und sich an das Innerste ihres eigenen Wesens wandte.

Es hat einmal eine Zeit gegeben, dachte Barbara, da bin ich mit allem zu ihm gekommen. Die zerbrochene Puppe, ein zerstörter Kinderglaube, eine zerschlagene Hoffnung... alles, was in Stücke gegangen war, wurde zu diesem Mann hingetragen, der es sorgsam wieder flickte und, wenn ihm das nicht gelang, doch wenigstens einen solchen Verlust erträglich zu machen verstand. Und das ist doch gar nicht so lange her, schrie es in ihrem Herzen verzweifelt auf. Und er ist doch auch noch derselbe, immer freundlich und verständnisvoll, derselbe, der einmal den Nikolaus für mich gespielt hat, mit so viel Liebe und so viel Begeisterung, daß er es nicht nötig hatte, mit einem Schlitten vom Himmel herab zu fahren. Er hat den Nikolaus für mich so gespielt, daß ich daran glauben konnte. Er hat mich getröstet, als ich über den Untergang der Dinosaurier — der schönen, etwas törichten pflanzenfressenden Dinosaurier — weinte. Mit sechs Jahren habe ich sie heiß geliebt und irgendwo in Grönland angesiedelt, und immer wollte ich sie eines Tages dort besuchen. Dann hatte der Lehrer sie im ersten Schuljahr mit einem einzigen Satz fortgefegt und die Welt öde zurückgelassen. — Und Dad hat stundenlang bei mir gewacht, ja, manchmal sogar die ganze Nacht in dem Jahr, als die gräßlichen Träume sich zusammengeduckt, verhüllt und glühheiß in meinem Zimmer versteckten und darauf warteten, bis ich zu Bett ging, denn sie wußten, daß sie mich dann zu fassen kriegten. Aber sie hatten die Macht unterschätzt, die mir im Verborgenen zur Seite stand — eben diesen Mann. Meinen Vater.

Er ist doch noch der gleiche!

Warum kann ich ihm dann nur nicht sagen, wie aus der Form geraten, ungeliebt und verloren ich mir vorkomme, und daß ich nicht weiß, wie es geschehen ist?

Ich kann es nicht, dachte sie matt, weil *ich* eben nicht die gleiche bin. Die Entwicklungsjahre — sie benutzte das Wort gleichmütig, da es hier seinen Zweck erfüllte — sind eben wie eine Krankheit. Und man kann deswegen niemandem einen Vorwurf machen — weder seinen Eltern noch sich selbst. Niemand versucht freiwillig krank zu werden, aber andererseits kommt ja auch niemand mit einer Injektionsspritze voll von diesem Übel daher, um sie einem zu verabreichen. Von Mumps und Masern kann man verschont bleiben — *davon* nicht. Und als man Mumps oder Masern hatte, war man wenigstens klein und konnte weinen und brauchte sich nicht zusammenzunehmen und nahm die Eiscreme und die Spielsachen und die liebevolle Pflege hin wie etwas, das einem zukam. Diese Sache aber, diese Krankheit — die jeden befiel, nur daß einige mehr darunter litten als andere — kam zu spät, sie dauerte zu lange, sie war zu persönlich, und es gab keine Diagnose und deshalb auch keine Heilmittel dagegen. Man konnte nichts anderes tun als leiden und abwarten und hoffen, daß man keinen Schaden für sein ganzes Leben davontrug. Und das alles konnte sie ihrem Vater nicht sagen.

Aber sie konnte sein Anerbieten ja auch nicht einfach wortlos übergehen, wie es der erste Impuls ihr geraten hatte. Also sagte sie: „Es ist wirklich alles in Ordnung.

Das heißt — ich meine, bei jedem ist mal etwas nicht in Ordnung, aber das gibt sich doch mit der Zeit, nicht wahr?"

Er zog fragend die Augenbrauen hoch und schüttelte langsam den Kopf — nicht so sehr, um das zu verneinen, als zum Zeichen, daß er sich geschlagen gab. „Ich weiß nicht, was ich darauf antworten soll. Vielleicht nur, daß doch nicht alles mit der Zeit wieder von selbst in die Reihe kommt. Das meiste schon, glaube ich. Aber manchmal hilft es, wenn man darüber spricht."

„Es gibt nichts bei mir, worüber ich reden könnte. Ich meine, kein eigentliches Problem."

Sie sahen einander in tiefer Verwirrung an. Es *war* auch verwirrend. Sie betrachtete ihn, wie er seine Pfeife ausklopfte und sie sorgfältig in einen alten geschwärzten Pfeifenständer tat — ein Überbleibsel eines lange zurückliegenden Weihnachtsfestes. Er war der gleiche, und auch ihre Gefühle für ihn hatten sich nicht verändert. Aber irgend etwas war doch anders geworden, und sie fürchtete, ihre Eltern könnten an ihrer Liebe zweifeln. Wie sollten sie auch anders, wenn sie sich zu Hause wie eine Fremde benahm, die gegen ihren Willen hier zurückgehalten wird, sich zwar den Familiengewohnheiten anpaßte, ja, sie mit so viel Anstand zu respektieren versuchte, wie man nur aufbringen kann, aber mit ihrem eigentlichen Wesen nicht hierher gehörte? Fühlte sie sich wirklich so fremd, oder tat sie nur so? Es war manchmal schwierig zu unterscheiden, was man wirklich fühlte und was man nur zu fühlen vorgab, ganz abgesehen von solchen Gefühlen, die man weder abtun noch anerkennen konnte.

Die Fenster des Wohnzimmers waren mit Schneeflocken und Eisblumen verziert, ein Werk der beiden Jungen. Barbara starrte darauf, dachte, wie hübsch es aussah und erinnerte sich an den Nachmittag vor einigen Wochen, als Richard und Andrew sich ernst und gesammelt, wie sie alles taten, mit Schwämmen, Schablonen und einer Art Putzpulver an die Arbeit gemacht hatten.

„Ist das eine Schneeflocke, Andy, oder ein Stern?" wollte Richard wissen und hielt seinem Bruder eine Schablone entgegen.

„Schneeflocke", meinte Andrew, nachdem er sie genau betrachtet hatte, und gab sie seinem Bruder zurück. „Die muß da in die Ecke! Nimm vielleicht nur die Hälfte, als ob sie gerade um die Ecke käme." Andrew hielt nicht besonders viel von Symmetrie.

„Sehen sie denn wirklich so aus?" fragte Richard, während er weiter werkelte.

„Aber sicher."

„Holen wir uns ein paar und gucken nach?"

„Sie sind zu klein", meinte Andrew nach einer Pause, „man kann nichts erkennen".

„Zu klein? Aber es liegt doch überall so viel Schnee!"

„Dann ist's eben zu viel, oder er klebt zusammen. Jedenfalls kann man nichts erkennen. Aber sie sehen so aus."

Schweigend setzte Richard eine halbe Schneeflocke in die eine Ecke der Fensterscheibe. Nach einer Weile meinte er: „Wer macht eigentlich den Schnee, Andrew?"

„Gott", war die prompte Antwort seines Bruders.

„Macht er denn alles?"

Andrew nickte.

„Berge?" beharrte Richard. „Und Leute und Mäuse und Känguruhs und..."

„Alles", erwiderte Andrew nur, als die Reihe immer länger wurde.

„Aber ich weiß was, das er nicht macht", meinte Richard schließlich verschmitzt.

„So? Was denn?"

„Betten!"

Ihr Gelächter ertönte zweistimmig, und um Barbaras Mund zuckte es leicht, als sie jetzt daran dachte.

„Was ist denn so lustig?" wollte ihr Vater wissen.

„Ach ... die Jungen. Sie sind ... ja, ich weiß auch nicht. Erstaunlich, irgendwie unglaublich. Was meinst du, woher es kommt, daß sie so sind?"

„Ich glaube, diese Art verdanken sie zum großen Teil eurer Mutter", meinte Mr. Perry langsam. „Sie ist im Grunde ihres Wesens ein Mensch, der sich am Leben freut, und ich nehme an, daß sich das auf die Buben übertragen hat. Es ist eine ganz großartige Gabe."

„Warum hat sich's denn nur nicht auf mich übertragen?" brach es aus Barbara heraus, noch ehe sie einen Gedanken fassen konnte. Sie hätte es gern zurückgenommen, wenn es irgend möglich gewesen wäre. So biß sie sich auf die Lippen und hoffte, ihr Vater würde es überhören, aber sie wußte genau, daß er das nicht tat.

Ein paar Augenblicke saßen sie sich schweigend gegenüber. Die Uhr im Eßzimmer schlug die halbe Stunde. Drüben auf der andern Straßenseite hupte ein Auto vor dem Haus der Murrays. Ellen Murray wird von ihrem Verlobten abgeholt, dachte Barbara, und der hat nicht einmal so viel Anstand, um auszusteigen und ihr zur Tür entgegenzugehen. Ellen war siebzehn und verlobt und sollte heiraten, sobald sie mit der Schule fertig war, also im kommenden Sommer. Nicht um alles Gold dieser Erde möchte ich mit ihr tauschen, dachte Barbara. „Wieviel Gold, meinst du, gibt es auf der Erde?" wandte sie sich an ihren Vater.

Er zuckte die Achseln. „Du könntest ebenso gut fragen, wo der Stein der Weisen liegt. Was ist's denn, was du nicht um alles Gold der Erde möchtest?"

„Ellen Murray sein und mit siebzehn heiraten."

„Das ist allerdings sehr jung", meinte Mr. Perry. Man merkte, daß er im Augenblick an Ellen nicht interessiert war, obgleich er sonst jederzeit bereit war, sich auf die Erörterung menschlicher Beweggründe einzulassen — ganz gleich, um wen es ging. „Ich sehe es so . . ." fing er an, und Barbara wußte, daß sich das nicht auf Ellen bezog. Sie war mit einem Male davon überzeugt, daß er seinen Unterricht ebenso einleitete. Er gehörte nicht zu denen, die anderen einfach etwas erzählen. Er sagt eben: „Ich sehe es so . . ." und zeigt, wie er die Sache betrachtet. Dann entlockte er seinem Gegenüber ebenso behutsam wie entschieden eine Ansicht, gleichviel, ob es nun seine eigene Tochter, einer seiner Schüler oder sonst irgend jemand war, mit dem er gerade sprach. Schön und gut, aber ich bin nicht seine Schülerin, dachte sie und ging in Verteidigungsstellung, ehe er begonnen hatte. Ich kann zwar nicht einfach aufstehen und davongehen, aber jedenfalls lasse ich mich nicht von ihm ausholen. Sie überlegte sich gar nicht, warum sie diese Abwehrstellung einnahm, aber sie war entschlossen, sie zu verteidigen.

„Ich sehe es so — und ich habe viel darüber nachgedacht, Barbara. Deine Mutter läßt sich zwar ganz schön ausnutzen — o ja, das tut sie, nimm nur diese Frauen hier in der Stadt, die sie geschickt dazu bringen, irgendwelche

Aufgaben zu übernehmen, die ihnen unbequem sind, und sie tut es — einmal, weil es ihr schwer fällt, etwas abzulehnen, vor allem aber, weil sie es nur oberflächlich als Last empfindet, denn im Grunde ihres Wesens besitzt sie — ja, ich weiß nicht, wie ich es nennen soll. Sie besitzt außer ihrer Freude am Dasein eine Bereitschaft, alles hinzunehmen, was das Leben ausmacht, langweilige Ämter eingeschlossen, für die andere sich zu großartig vorkommen oder keine Zeit zu haben glauben. Diese Eigenschaft hat sie schon immer gehabt, aber als du klein warst und ich bei der Marine war, da war sie irgendwie verschüttet. Sie fühlte sich verlassen ohne mich, und sie war eigentlich zu jung, um mit einem Kind allein zu leben. Und — sie war fast zu gewissenhaft. Ich erinnere mich an ihre Briefe, in denen sie mir schrieb, was sie in diesem oder jenem Buch über Kindererziehung gelesen hatte. Von ihrer Familie war niemand mehr da, und ihren Mann hatte sie nicht neben sich. Ich glaube, sie nahm einfach alles zu ernst. Da brütete sie über ihren Büchern, versuchte das Richtige zu tun und kam gar nicht dazu, ihrem sicheren Instinkt zu vertrauen. Verstehst du, was ich meine?"

Barbara, die sich unbehaglich, aber doch wider Willen interessiert fühlte, schüttelte den Kopf und nickte dann.

„Ich schrieb ihr, sie solle die Bücher in die Ecke werfen und einfach sie selbst sein. Sie schrieb mir zurück, sie wisse eben nicht genau, wer sie selbst eigentlich sei, aber immerhin schienen die Leute, die diese Bücher geschrieben hätten, nicht an solcher Unsicherheit zu leiden ..."

Das hat sie geschrieben? dachte Barbara. Na ja, ganz interessant, daß sie den Jungen die Lebensfreude vererbt hat und mir ihr Gefühl der Unsicherheit! Sie hörte ihrem Vater schweigend zu und hoffte nur, daß er möglichst bald aufhören möchte.

„Verstehst du, worauf ich hinaus will?" fragte er.

„In gewisser Weise schon", meinte sie. Er wartete, so daß sie widerwillig fortfuhr: „Ja, ich denke schon, Dad. Aber — bitte zwinge mich nicht dazu, darüber zu sprechen. Genügt es denn nicht, wenn ich einfach nachdenke?"

„Sicher, Barbara. Du hast mich etwas über die beiden Jungen gefragt, und ich dachte —" er brach ab, und Bar-

bara hatte das Gefühl, daß sie etwas sagen müsse. Er war
ein so gütiger, ein ganz wunderbarer Mann. Er versuchte,
ihr zu helfen, und sie saß da, gefühllos und steif, verstand das meiste von dem, was er sagte, war aber unfähig,
ihre eigenen Gedanken in Worte zu fassen. Vielleicht war
sie auch nur nicht bereit dazu? Nun, es kam im Grunde
aufs gleiche heraus. Sie mochte nun einmal solche vertrauten Gespräche in der Familie nicht. Sie hätte gern in dieser
Weise mit einem Freund oder einer Freundin gesprochen,
aber es gab keinen solchen Menschen.

Katy Stryker? Ach nein, nicht mit Katy. Sie war ganz
anregend, aber — irgendwie herb, verbittert. Außerdem
konnte man mit Katy kein Gespräch führen, das beide
einschloß. Katy war immer nur mit sich selbst beschäftigt.
Barbara stellte sich vor, daß sie einmal über Nacht bei
Margaret Obemeyer blieb oder sie bei sich zu Hause hatte.
Sie würden sich vielleicht die Nägel maniküren und dabei
über alles mögliche reden ... Sie müßten so gut befreundet sein, daß sie über alles reden konnten — nicht nur
über Jungen und über die Liebe, wenn auch dieses Thema
sicherlich einen wesentlichen Teil ihrer Abendunterhal-
tung ausmachen würde — sondern über solche Dinge wie
zum Beispiel diese Erfahrung mit ihrem Vater. Sie konnte
sich förmlich sagen hören: „Und meine Mutter war damals
jung und sehr unsicher — du weißt ja, wie man da rea-
giert —", und Margaret würde nicken — „Wirklich, sie
war unsicher, und sie nahm alles so ernst, daß sie sich
überhaupt nicht zurechtfand. Und als mein Vater dann
zurück kam, war ich gerade vier, und er mußte sich eine
Anstellung suchen und sein Studium zu Ende bringen, und
sie waren schrecklich arm." Würde sie das sagen? Ja, zu
dieser Freundin (also vermutlich zu Margaret) würde sie
alles sagen ... „Sie waren arm, und so kam es, daß meine
Mutter keine rechte Gelegenheit fand, ihre natürliche Lebensfreude zu zeigen. Die besitzt sie wirklich — aber die
Unsicherheit ... Es hat mich fast umgeschmissen, als mein
Vater mir erzählte, wie sie ihm einmal geschrieben hat,
daß sie gar nicht recht wisse, wer sie eigentlich sei ... ich
kenne ja dieses Gefühl selbst so genau ... Und dann —
ja, ich denke, als dann die Jungen geboren wurden, war
alles schon viel leichter für sie geworden ..." Ja, sie hörte

sich sprechen und sprechen, im vollen Vertrauen darauf, daß sie verstanden wurde...

Sie hatte nicht gemerkt, daß sie geseufzt hatte, und dann hörte sie, wie ein Echo, den Seufzer ihres Vaters. Aber es war ihr immer noch nicht eingefallen, was sie sagen oder tun könnte. Sie stand auf. „Ich kann mich ja mal ans Abwaschen machen."

„Gute Idee", stimmte er ihr heiter bei. „Was ich noch sagen wollte — der Pullover steht dir gut. Es paßt alles so hübsch zusammen!"

„Vielen Dank, Dad." Sie blieb zögernd stehen, und er erleichterte ihr den Abgang, indem er nach der Zeitung griff. „Auch wenn Weihnachten ist", meinte er und warf einen raschen Blick auf den Fußboden, als könne er durch ihn hindurch ins Bastelzimmer sehen. Die Jungen waren dagegen, daß man an Feiertagen ganz normalen Beschäftigungen nachging. „Willst du etwa *heute* Zeitung lesen?" hatte Andrew ihn einmal am Erntedankfest gefragt, als hätte er vorgehabt, vor einer leeren Klasse zu unterrichten. Besondere Tage verlangten eben in Andrews Vorstellung ein besonderes Verhalten, und er war durchaus entschlossen, diese Ansicht auch anderen aufzuzwingen.

„Wenn du sie die Treppe heraufkommen hörst, mußt du mich durch einen Käuzchenruf warnen", meinte Mr. Perry und griff nach seiner Brille.

Barbara ging in die Küche — zugleich erleichtert und enttäuscht. Sie wollte zwar nicht, daß er die Unterhaltung fortsetzte, aber dennoch...

Sie stapelte das Geschirr aufeinander, füllte das Spülbecken mit heißem Wasser, ließ die Bestecke hineingleiten und fuhr träumerisch mit einem Schwamm über Gabeln, Messer und Löffel. Es machte ihr nichts aus, das Abwaschen; Hausarbeit machte ihr überhaupt nichts aus. Katy hatte immerzu Auseinandersetzungen mit ihren Eltern, weil sie nicht im Haushalt mithelfen wollte, nicht das geringste. „Sie rührt aber auch keinen Finger", hatte Barbara einmal Mrs. Stryker bei einem Bridgeabend im Hause ihrer Eltern sagen hören. Die Damen sprachen über ihre Kinder; sie waren noch beim Essen, aber auch als das Spiel dann im Gange war, floß ihre Rede ziemlich munter fort. Ein unzufriedener Ton lag in der Unterhaltung, und Barbara, die gerade oben über die Diele ging, hatte sich auf den Fußboden gesetzt und ohne Gewissenbisse gehorcht.

„Immer wieder sage ich zu ihr: ‚Katy, nun wohnst du doch in diesem Hause, also könntest du auch etwas beitragen‘, aber sie bleibt vor dem Fernsehapparat sitzen oder gibt vor, Schularbeiten machen zu müssen. Oder sie liegt einfach auf dem Bett und starrt gegen die Decke. Und wenn ich etwas sage, behauptet sie, Magenschmerzen zu haben. Was sollen denn Eltern in einem solchen Fall tun?"

„Ich möchte nicht behaupten, daß ich es weiß", hatte daraufhin Mrs. Fillmore gesagt. „Aber ich schreie Hortense und Howy an und erreiche damit nur, daß sie mich verblüfft anstarren. Howy ist doch wirklich ein ausgewachsener, kräftiger Junge — aber wer schippt den Schnee fort? Ich!"

„Aber nein, das ist doch unmöglich —"

„Doch, ich. Wer soll es denn sonst tun?"

„Ich würde den Schnee liegen lassen, bis er in den zweiten Stock reicht."

„Ja, und dann bricht sich der Milchmann oder sonst jemand ein Bein und verklagt mich! Ich verstehe die heutige Jugend nicht mehr. Howy schlägt mir niemals ausdrücklich etwas ab, verstehen Sie. Er tut es nur einfach nicht. Ich weiß nicht... was soll ich denn da machen? Er ist beinahe ein Meter achtzig groß — ich erreiche ihn ja nicht einmal mit der Haarbürste." Mrs. Fillmore war Witwe, und in ihrer Stimme schwang immer ein klagender Ton mit. Es muß schon schwer für sie sein, dachte Barbara. Howy Fillmore tat in der Schule alles, worum man ihn bat. Er arbeitete wie ein Verrückter für die Theatergruppe, half jedesmal mit, die Turnhalle für die Tanzabende zu dekorieren, packte überall tüchtig mit an. Was mochte nur zu Hause in ihn gefahren sein, daß er nicht einmal den kleinen Finger rührte, um seiner verwitweten Mutter zu helfen? Wer konnte es sagen?

Sie legte die Bestecke auf das Abtropfbrett und goß heißes Wasser darüber, nahm ein Geschirrtuch und fing an, sie trockenzureiben. Ich verstehe nicht, was mit Howy und Katy los ist. Daß sie es nicht über sich bringen, ein bißchen mitzuhelfen! Ich habe mal zu Katy gesagt, daß ich es einfacher fände, Geschirr zu spülen oder Staub zu saugen oder sonst was zu tun, als mich zu Hause ständig herumstreiten zu müssen. Katy behauptet, daß die Hausarbeit sie beim Denken stört! Beim Träumen, meint sie wohl. Sie will einfach daliegen und träumen und sich Dinge ausmalen und vielleicht — na schön, vielleicht auch denken. Aber wie kann man sich seinen Träumen hingeben, wenn die eigene Mutter unausgesetzt ins Zimmer läuft und einen anschreit? Viel besser, man tat etwas. Dann wurde man wenigstens in Ruhe gelassen.

Und Howy? Nun ja, vielleicht ist er wirklich ein Egoist und Faulpelz, aber da ist doch noch etwas anderes im Spiel. Sie fragte sich, was wohl geschehen wäre, wenn sie damals ihrem Impuls nachgegeben und aus dem Treppenhaus hinuntergerufen hätte: „Warum versuchen Sie denn zur Abwechslung Ihre Kinder einmal *nicht* anzuschreien, Mrs. Fillmore?" Ein Höllenlärm und Wutausbrüche wären die Folge gewesen, und natürlich wäre auch ihre Mutter zornig geworden, mit Recht. Es wäre nicht nur ungehörig, sondern auch zwecklos gewesen, denn soviel sie wußte, schrie Mrs. Fillmore ihre Kinder schon seit Jahren an, und sie würde damit auch nicht aufhören, weil irgend jemand — und noch dazu eine Altersgenossin von Howy — ihr einen solch unverschämten Rat gab. Daß der Rat nicht nur unverschämt, sondern auch richtig war, änderte nichts. Schön, aber meine Mutter schreit mich nicht an, ich weigere mich nicht, Hausarbeit zu machen, und doch ist zwischen uns nicht alles glatt und vergnüglich. Warum nur? Vielleicht war es zuviel verlangt, daß alles glatt gehen sollte, aber warum milderte ihre Hilfsbereitschaft nicht wenigstens bis zu einem gewissen Grad dieses Gefühl der Fremdheit, der Gleichgültigkeit, das Barbara ihrer Familie, ihrem Zuhause gegenüber empfand?

Um die Wahrheit zu sagen: sie war nicht sonderlich stolz auf dieses Zuhause — mit Ausnahme ihres eigenen Zimmers. Wie sollte sie auch? Das Haus war unscheinbar und abgenutzt. Nun ja, es war sauber, aber wann war es wohl zum letztenmal außen verputzt und innen neu gestrichen worden? Na gut, sie hatten sich einen Bastelraum eingerichtet. Aber war es denn wirklich nicht möglich gewesen, sich neue waschbare Bezüge für die Möbel zu leisten, einen anständigen Teppich für das Wohnzimmer anzuschaffen und einen ordentlichen Rasen anstelle dieses kümmerlichen Grasfleckens voller Löwenzahn zu ziehen? Das Haus war schon in Ordnung ... aber es enthielt eben gar nichts, worauf man stolz sein konnte. Also tat sie Hausarbeit nur, um Ärger zu vermeiden. Schluß. Punktum. Beim Geschirrabwaschen ließ es sich sehr angenehm träumen. Man konnte auch das Denken ganz aufgeben, während man lässig dastand, den Blick starr ins Leere gerichtet, und die Hände ziellos im Spülwasser herumfuhren und nur hin und wieder einen Teller oder eine Gabel zu fassen bekamen. Es war eine westliche Abart der Nabelschau, die anhalten konnte, bis das Wasser lau wurde, der Schaum zerrann und schließlich irgend jemand die Küche betrat, um einen mit einem einzigen Satz oder auch nur mit dem Laut eines Schrittes wieder auf die Erde zurückzuzerren. Aber solange jener sonderbare Zustand andauerte, bedeutete er die vollkommenste Weltverlorenheit, die man im wachen Zustand erfahren konnte.

Sie erinnerte sich, daß sie als Kind — wie viele Kinder es taten und immer tun werden — sich manchmal um sich selbst gedreht hatte, so lange, bis sie durch eine leise schwankende Welt taumelte, bis es keinen sicheren Winkel mehr gab und sie nicht mehr wußte, wo oben und unten war. Sie hatte sich nie erklären können, warum Kinder das taten, warum sie die Ordnung der Welt auf den Kopf stellten, so daß Fußboden und Zimmerdecke umeinanderwirbelten und die Stühle einfach davonschwammen oder plötzlich aus dem Nichts vor einem aufragten. Man zerschlug sich die Schienbeine dabei, fiel gegen irgendwelche Möbelstücke und mußte schließlich die Augen zumachen und den Kopf hinunterhängen lassen, bis das kreisende Dunkel langsamer wurde, allmählich zur Ruhe kam und man aus sicherem Stand eine wieder ins Gleichgewicht gekommene Welt betrachten konnte. Dieses Träumen über dem Abwaschbecken hatte Ähnlichkeit damit. Es war nicht ganz so absichtsvoll und heftig, aber doch ähnlich dieser verrückten, merkwürdig gelockerten Empfindung, als hätte man in der Mitte eines Rades gesessen, den Halt plötzlich losgelassen und sei in den Weltraum hinausgeschleudert worden.

An jenem Tage hatte Mrs. Fillmore zu den lauschenden Damen am Tisch gesagt: „Ich sagte also zu ihm: ‚Howy, um Himmels willen, wenn du schon nicht daran denken magst, was aus dir und deinem Charakter werden soll, könntest du dann nicht wenigstens an deine Schwester denken? Was für ein Beispiel gibst du Hortense?' Und wissen Sie, was er zur Antwort gab: ‚Benütz' mich als Anschauungsunterricht für sie, Ma. Das genügt doch!'"

Die Damen machten ihrer Empörung in angemessener Weise Luft, aber Barbara hatte Mühe gehabt, ein Kichern zu unterdrücken. Und dann hatte sie ihre Mutter ganz deutlich lachen hören, ehe sie sich fing und meinte: „Ach du meine Güte, da haben Sie ja wirklich was ausgestanden!"

Mutter ist in Ordnung, dachte Barbara, und Dad auch. In einer Mischung von Herablassung und intuitivem Erkennen fand sie Worte für sie wie ‚heiter' und ‚schöpferisch', ‚ernst' und ‚aufrichtig' — alles das zusammen. Was zwischen ihnen und ihr nicht stimmte — diese Beziehungslosigkeit, diese häufigen, unerklärlichen Spannungen — war alles ihre Schuld. Ja, meine Schuld, dachte sie mit einer gewissen Genugtuung und zugleich ein wenig gerührt über so viel Demut. Sie sind nicht schuld daran, daß ich so — so weit weg von alledem hier bin, daß ich so anders bin als sie, und daß ein Leben in einer kleinen Stadt in Ohio mir niemals genügen kann.

„Weiß der Himmel", sagte sie zu einem imaginären Fragesteller, „*ich* wollte niemals so sein — so von Ehrgeiz nach fernen, schimmernden Zielen getrieben." Was für ein Ehrgeiz war es nur und welches Ziel? Ich kenne das Ziel nicht, gab ihr Inneres heftig zur Antwort. Ich kenne nur den weiten Weg bis dahin, und ich weiß von seinem Glanz. Sie weigerte sich, den ersten Teil der Frage zu beantworten. Schließlich brauchte man mit Fünfzehn noch nicht alle Probleme gelöst zu haben. Sie lernte leicht, sie würde aufs College gehen. Es war noch mehr als genug Zeit, um sich zu entscheiden, was sie tun, was sie werden wollte. Das „Wo" war viel wichtiger, und eines wußte sie ganz sicher: es würde jedenfalls sehr weit östlich oder sehr weit westlich von hier, von ihrer Heimatstadt, sein. Natürlich würde sie immer hierher zurückkehren, denn schließlich war hier ihre Heimat, hier lebte ihre Familie. Ja, sie würde zurückkehren, aber wie ein Zugvogel, liebevoll und anhänglich trotz ihrer großen Erfolge. Die zierliche Figur in teure Pelze gehüllt, würde sie mit weitgeöffneten Armen ins Haus stürmen, das, selbstverständlich auf ihre Kosten, vollkommen umgebaut und neu ausgestattet, aber dennoch eben das alte Haus war... „Barbara Perry ist hier geboren, ja hier, in diesem Haus, und denken Sie doch nur, sie kommt immer noch her, so oft sie nur kann..." Sie würde ihnen die Arme entgegenstrecken:„ Mom...Dad... ach, wie gut, bei euch zu sein...", und dann ihre Brüder, diese beiden großartig aussehenden, hochgewachsenen Männer, die solche hervorragenden Tierärzte waren (es wäre ihr lieber gewesen, wenn sie Ärzte geworden wären, aber nicht einmal in den Träumen anderer konnte aus Richard und Andrew etwas anderes werden als Tierärzte), und von ihrer Schwester geliebt, ja, förmlich angebetet wurden. „Meine Brüder sollten Sie sehen!" sagte sie zu einem Reporter der „Times", „meine Brüder sind mit der Erde verbunden, sie sind wie große starke Bäume, deren Wurzeln tief in die Heimaterde hinab reichen..."

Mit dem Geschirrtuch in der Hand näherte sie sich dem Abtropfbrett und stellte mit dumpfen Erstaunen fest, daß bereits alles Geschirr abgetrocknet war. Das ist's ja, was ich Katy immer sage: man kann sich geradezu in eine Art von Betäubung hineinträumen, wenn man Hausarbeit macht und einen niemand dabei stört. Und Katy pflegte dann zu erwidern: „Laß es dir ein für allemal gesagt sein, Barbara: ich träume nicht — ich *denke*." Es war nie ein für allemal gesagt, und Barbara glaubte es auch nie ganz. Katy ist schrecklich bockig, und sie hat einen starken Charakter, dachte sie. Sie muß schon einen starken Charakter haben, wenn sie liegen bleiben kann, um zu träumen oder auch meinetwegen zu denken, obwohl ihre Mutter alle Viertelstunden gelaufen kommt und sagt, daß man sich auch ein wenig um das Haus kümmern müsse, in dem man wohnt.

„Ich glaube, du solltest einmal etwas tun", hatte Barbara einmal gesagt, in dem etwas zögernden Ton, den sie immer anschlug, sobald ihre Äußerungen einer Kritik an einem ihrer Freunde nahekamen.

„Warum?" hatte Katy gemeint und hinzugefügt: „Ich tue schon einiges. Aber eine ganze Menge all dieses Krams könnte sie gut selber machen. Sie wurschtelt ja doch den ganzen Tag im Haus herum."

Barbara hätte nie in ähnlicher Weise über ihre Mutter gesprochen, aber immerhin war sie von Katys Gleichgültigkeit gegenüber ihren Eltern beeindruckt. Katy behauptete oft, sie sei gar nicht ihr Kind. „Ich bin adoptiert", meinte sie in aller Ruhe. „Ich bin nicht mehr ihr Kind, als du es bist." Das erste Mal, als sie es zu hören bekam, rief Barbara, ohne überhaupt zu zögern: „Aber das ist doch der reinste Unsinn!" Es wurde ihr zwar etwas unbehaglich unter dem Blick, den Katy ihr zuwarf, aber dennoch war sie — was selten vorkam — diesmal nicht bereit, ihre Bemerkung zurückzunehmen. Im allgemeinen versuchte sie das Gesagte immer rasch wieder einzuschränken und den Betreffenden, mit dem sie nicht ganz einer Meinung war, wieder versöhnlich zu stimmen — vor allem, wenn er nicht zur Familie gehörte. Aber das war doch auch wirklich Blödsinn!

„Glaubst du vielleicht, es ist noch nie vorgekommen, daß jemand adoptiert wurde, ohne es zu erfahren?" wollte Katy wissen.

„Doch, schon, aber ... Du würdest es doch irgendwie wissen."

„Aber das sage ich ja gerade. Ich weiß es. Sie haben einfach nicht den Mut, es mir zu sagen — die Ärmsten", fügte sie überlegen hinzu.

„Und *woher* weißt du es?" fragte Barbara gespannt.

„Mein Blut sagt es mir. Mein Instinkt. Ich kann mich genau daran erinnern, wie es mir zum ersten Mal bewußt wurde. Es liegt Jahre zurück, man hatte mich mal wieder verrückt gemacht mit diesem ,Tu dies — tu das!' und immer handelte es sich um irgend etwas Jämmerliches, wie Ascheimer leeren oder den Käfig dieses miserablen Papageien saubermachen, und dabei saß mein Vater in seinem Sessel und wurde mit jedem Augenblick dicker..."

„Mit jedem Augenblick?" stammelte Barbara.

„Er sträubt sich mit Händen und Füßen gegen eine Abmagerungskur. Er ist nun mal dick, aber er macht nicht einmal den Versuch, es zu ändern, und ich kann seinen

Anblick nicht ertragen. Man sollte doch etwas auf sich halten, findest du nicht?"

Barbara holte tief Luft und nickte. Aber zu sagen, daß man den Anblick seines eigenen Vaters nicht ertragen konnte . . .

„Willst du es nun hören oder nicht?" fragte Katy, obwohl nichts sie davon hätte abhalten können, fortzufahren. „Also, dann hör zu. Da sitzt er also, der gute Dicke, und macht mir Vorwürfe, daß ich meiner Mutter nicht helfe. Dabei rührt er nie einen Finger, höchstens um jemand anders zum Helfen herbeizuwinken. Und dann Mutter, die immer stöhnt und stöhnt, wie nur ihr Kind so undankbar sein könne — und da wußte ich's plötzlich. Ich stand auf und ging aus dem Haus und in die Stadt, und während ich ging, dachte ich die ganze Zeit: das also ist's . . . natürlich! Ich war blind gewesen, und nun sah ich kristallklar: Ich bin nicht ihr Kind! Oh, es war schon ein erstaunliches Gefühl."

„Ich hätte eher gedacht, daß dir elend zumute war."

„Elend? Wieso elend? Ich war doch frei. Die Wahrheit hatte mich frei gemacht." Sie fuhr ungeduldig mit der Hand durch die Luft. „Was geht es mich an, wie sie nun weiter über meine Undankbarkeit denken, und daß ich nicht mithelfe? Sie bedeuten mir nichts, und ich bedeute ihnen nichts."

Barbara wußte nicht recht, wieviel Katy von alledem selbst glaubte. Sie hatte sich niemals wieder so ausführlich darüber verbreitet. Nur gelegentlich, wenn es im Hause Stryker ganz besonders hart auf hart ging und Katy sich gezwungen sah, entweder mitzuhelfen oder auf ihr Taschengeld und ihre Verabredungen zu verzichten, murmelte sie: „Was geht es mich an? Ich bin adoptiert, und sie wollen es nicht zugeben."

Barbara überlegte sich, ob Katy ihren Eltern je ihre Theorie dargelegt hatte. Sie fragte sie nicht, aber sie hätte wetten mögen, daß sie es nicht getan hatte. Ebensowenig fragte sie, wie Katy es vor sich selbst rechtfertigen konnte, noch länger im Hause ihrer Eltern zu wohnen und die Hilfe und Unterstützung zweier Menschen anzunehmen, die sie doch verleugnete und verachtete.

Man wußte allerdings bei Katy nie genau, ob sie es wirklich so meinte, oder ob das nur wieder eine Form ihres allgemeinen Lebensungestüms war.

„Glaubst du denn, daß deine kleine Schwester auch adoptiert ist?" hatte sie Katy einmal gefragt, und ein verächtlicher Blick hatte sie dafür getroffen. „Fay ist todsicher das Kind dieser Eltern. Sieh sie dir doch an!" Und das stimmte — Fay sah ihren Eltern weitaus ähnlicher als Katy. Kurzum, Katy war ein Rätsel, und Barbara schwankte zwischen einem gewissen Unbehagen und dem Vergnügen darüber, daß ihr die Freundschaft dieses Mädchens zuteil geworden war. „Zuteil geworden" war der richtige Ausdruck. Barbara würde sich Katy niemals als Freundin ausgesucht haben, aber Katy hatte sie ausgesucht, und Barbara hatte es hilflos über sich ergehen lassen, wie es ihr mit allen energischen Naturen erging. Vielleicht — so nahm sie jedenfalls an — wollte sie es nicht einmal. Katy hatte etwas an sich, das einem Menschen, der wie Barbara an sich zweifelte, höchst anziehend erscheinen mußte: eine Selbstsicherheit, für die alles von vornherein klar war, und die gut zu ihrem kühn geschnittenen Gesicht und zu ihrer anmutigen und fast ein wenig hochmütigen Haltung paßte.

Auch Katy war in der Schule nicht besonders beliebt, aber bei ihr wußte man, daß sie es gar nicht anders haben wollte. Sie sah über die meisten hinweg; also war es nur natürlich, daß man sich auch nicht um sie kümmerte. Aber wenn Katy gewollt hätte, dann hätte sie nur einen Finger krumm zu machen oder einmal zu lächeln brauchen, und sie hätte die ganze Schule auf ihrer Seite gehabt. Das allerdings nahm Barbara nur an, weil Katy wunderbar aussah. Doch obgleich Barbara tiefe Verehrung für die Schönheit hegte, wußte sie, daß es nicht genügte, schön zu sein. Das gehörte zu den Zweideutigkeiten ihres Denkens, die ihr so zu schaffen machten und gegen die sie doch nichts tun konnte. „Wer so schön ist wie Katy, kann sich gegen das Leben alles herausnehmen", dachte sie und zugleich: „Was kann Schönheit ausrichten, wenn sie sich mit einer solch häßlicher Art zu denken verbindet?" Sie traf sich übrigens gar nicht häufig mit Katy. Nicht annähernd so oft, wie Margaret Obemeyer und Alice Ordway einander sahen.

Aber sie aßen mehrmals in der Woche zusammen zu Mittag, und Katy kam ziemlich oft zu den Perrys zu Besuch. Barbara ging selten zu den Strykers, weil Katy sie selten einlud.

„Gehen wir zu dir", sagte sie, wenn es darum ging, wo man den Nachmittag oder den Abend verbringen wollte. Und Barbara sagte niemals: „Warum gehen wir denn nicht mal zur Abwechslung zu euch?" Sie wußte selbst nicht, warum sie es nicht tat, und sie fand es zu mühsam, darüber nachzudenken. Sie gab sich sehr häufig diese Antwort auf Fragen, die sie sich selbst vorlegte: zu mühsam, zu schwierig — ach, laß mich in Ruh! sagte sie zu sich, wenn sie sich immer wieder fragte, warum sie ihrer selbst niemals sicher war, warum sie nicht mehr Freunde hatte, warum sie trotz guter Zeugnisse keinen rechten Spaß am Lernen fand. Solche Fragen traten vor einen hin, und man konnte sie nicht einfach überhören, aber Barbara hatte einen Weg gefunden, sie mit einem: ‚Ach was, laßt mich in Ruhe — es ist zu mühsam!‘ abzufertigen.

Aber — und jetzt mußte sie wieder an Katy denken — etwas läßt sich zugunsten dieser Beziehung sagen. Ich *brauche* ja nie allein zu sein, wie ein paar Mädchen in der Schule, denen gar nichts anderes übrigbleibt. Ich habe eine Menge Bekannte, und ich werde mich wohl auch mit einigen von ihnen wirklich anfreunden. Und dann brauche ich Katy nicht mehr. Nicht, daß ich sie dann nicht mehr gut leiden könnte — ich würde auch dann noch hin und wieder gern mit ihr zusammensein. Aber ich würde sie eben nicht mehr brauchen. So dargestellt, klang es nicht gerade erhebend, aber es stimmte. Viele Wahrheiten und auch wohl einige Freundschaften hatten nichts sonderlich Erhebendes, stellte sie fest, ohne daß es sie besonders beunruhigt hätte. Aber man lebte schließlich in dieser Welt und mußte sich ihren Gegebenheiten anpassen. Und es war nun einmal keine edle Welt, wo das Gute im Glanz einherging und das Böse sein Haupt vor ihm beugte. Es war, so fand sie, eine Welt voller Unsicherheit für den einzelnen, eine Welt voll von Kriegen, von Klassen- und Rassenhaß und voller Angst — eine Welt, in der man das Geld anbetete und in der das Gute, das es wohl auch noch gab, auf der Hut sein mußte.

Andrew, der von unten heraufgekommen war, blieb vor der Küchentür stehen und sah seine Schwester entgeistert an. „He, was ist denn mit dir los?" fragte er. „Du siehst aus, als ob du Glasaugen hättest oder so was ähnliches."

„Wie?" meinte Barbara. „Ach so — hab' ich vor mich hingestarrt?"

„Ich weiß nicht, was du gemacht hast — aber es sah gruselig aus."

„Tut mir leid, mein Schatz. Wann fängt denn das Puppentheater an?"

„Das wollt' ich ja gerade allen sagen. Wir sind fertig. Warte hier noch einen Augenblick, ich gehe schnell Mom und Dad holen, und dann kannst du auch runter kommen." Er lief davon, und Barbara wartete gehorsam.

Andrew und Richard gingen mit ihrer Zeit und mit ihren Talenten verschwenderisch um. Eine ganze Woche hatte es sie gekostet — und der Himmel weiß, wieviel Farbe, wieviel künstlerische Gestaltung und wieviel Proben dazu — um dieses Puppentheater auf die Beine zu stellen. In einer Viertelstunde war alles vorüber, und nie wiederholten sie eine Aufführung.

Die beiden haben eben den echten schöpferischen Drang, dachte Barbara, während sie zusah, wie der Schakal einen Weihnachtsbaum schmückte, um einen fetten Hahn in seinen Bau zu locken, dann aber sein Opfer lieben lernt. Sie haben zwar gern ein Publikum für ihre fertige Schöpfung, aber im Grunde ist es die Arbeit daran, die ihnen Spaß macht. Wie viele Geschichtenerzähler hatten auch die beiden ihr Stück mit einem gehörigen Schuß Moral gewürzt. Diese Moral war übrigens sehr einfach: alle Tiere sollten einander lieben, statt sich aufzufressen. Am Ende des zweiten Akts führten nahezu alle Stofftiere, die sie besaßen, einträchtig einen Haushalt mit dem frisch bekehrten Schakal. Für alle galt das Gebot, daß sie von Stund' an nur noch Haferflocken und Schokoladestangen essen sollten. Der Vorhang fiel unter großem Applaus, die beiden Regisseure kamen kichernd und einander schubsend hinter der Bühne hervor und verlangten nach Eiscreme.

71

„Man sollte eigentlich denken, daß es ihnen leid tut, wenn alles so schnell vorüber ist", meinte Barbara ein wenig später zu ihrem Vater. „Sie haben sich so viel Mühe gegeben, und nun hat das Ganze nur so kurze Zeit gedauert. Sollte man nicht meinen, daß sie wenigstens darüber reden oder es noch einmal aufführen möchten oder sonst etwas?"

„Die Wege dieser Buben sind wirklich wunderbar", stimmte er ihr zu. „Ich glaube kaum, daß ich so viel Zeit und Mühe an etwas so Vergängliches wenden würde. Sie bestanden nicht einmal darauf, daß wir besonders lange klatschten. Ich hätte gern noch eine Minute länger geklatscht und ein paarmal mehr Bravo gerufen, wenn sie mir nur Zeit dazu gelassen hätten."

„Sie scheinen ihren Lohn tatsächlich in der Sache selbst zu finden. Man hört das oft, aber wann begegnet einem das schon?" sagte Barbara nachdenklich.

„Ich weiß nicht recht", überlegte ihr Vater. „War denn euer Weihnachtssingen gestern abend nicht etwas ganz Ähnliches?"

Nein, dachte Barbara, ganz und gar nicht. Ganz gleich, warum es die anderen taten, sie jedenfalls hatte es nur getan, um mit ihnen zusammenzusein. Sie sprach es nicht aus, sondern meinte stattdessen: „Jeffs Vater ist ein netter Mann — ich meine Mr. Irwin."

Hal Perry nickte. „Netter Kerl."

„Ach, kennst du ihn denn?"

„Na ja, eben aus der Apotheke. Mir gegenüber war er immer sehr freundlich."

„Hast du ihn denn wiedererkannt, als er gestern abend hierherkam?" fragte sie begierig.

„Ja, natürlich. Wie kommst du darauf?"

„Ich weiß nicht." Sie schwieg eine Weile, dann fing sie wieder an. „Doch, ich weiß es. Ich habe ihn nämlich nicht erkannt. Und ich habe ihn doch sicher ebenso oft gesehen wie du."

Mr. Perry gab nicht gleich Antwort. Er schien sich ihre Bemerkung genau zu überlegen, ehe er erwiderte: „Woher, meinst du, kommt das wohl?" Er wartete darauf, daß sie etwas erwiderte, wartete ganz unmißverständlich.

Aber Barbara vermochte nur zu murmeln: „Ich weiß nicht, Dad."

„Du weißt es nicht? Barbara, das scheint mir doch wichtig zu sein. Du hast tatsächlich nicht die leiseste Ahnung, warum du Mr. Irwin gestern abend nicht wiedererkannt hast?"

Doch, sie hatte eine Ahnung — nicht fest umrissen, nur die verschwommene Kontur eines Gedankens, die sich schattenhaft irgendwo in ihrem Gehirn abzeichnete. Es ließ sich nicht in Worte fassen, und sie wollte es auch gar nicht. „Nein", meinte sie gelangweilt. „Nicht im mindesten." Sie sah ihren Vater unter halbgeschlossenen Lidern hervor von der Seite an, und er erwiderte ihren Blick gerade und lang, als könne er nicht glauben, daß dies die ganze Antwort war, die sie zu geben wußte.

Das Telefon klingelte. Erleichtert und auch ein wenig verwirrt ging Barbara hin. Es ist nicht anständig, dachte sie — ein wenig verlegen, denn es drückte nicht genau das aus, was sie eigentlich meinte — es ist nicht anständig von ihm, mir mit einem Male solche Fragen zu stellen. Ich soll wohl glauben, ich könne klarer sehen, wenn ich mir eine Antwort zurechtmache — wenn ich eine Antwort finde. Irgendwie zog es ihr den Boden unter den Füßen fort, dieses Gefühl, das er ihr hin und wieder einflößte, nämlich daß die Lösung aller Fragen keineswegs in der Zukunft lag und sich nicht irgendwann in einem der nächsten Jahre von selbst ergeben müsse, und daß sie nicht einfach durch den bloßen Ablauf der Zeit sich selbst und alle Antworten finden würde. Es machte sie innerlich unsicher, zugeben zu müssen, daß sich nichts allein oder durch Zufall klärte, sondern daß man hin und wieder sich selbst auf eine Frage Antwort geben mußte. Je länger du es hinausschiebst — das schien sein Blick zu sagen —, um so schwieriger wird es sein. Und wenn du es zu lange hinausschiebst, ist es womöglich zu spät.

Er sah fort, als sie den Hörer abhob, und Barbara mußte einen Seufzer unterdrücken, ehe sie unbekümmert „Hallo" sagen konnte. „Barbara, du? Hier ist Margaret Obemeyer —" Barbara öffnete den Mund vor Erstaunen, aber Margaret fuhr gleich fort: „Ich bin gerade dabei, euch alle anzurufen, um euch dafür zu danken, daß ihr gestern abend gekommen seid. Und dann will ich euch sagen, daß wir vierundzwanzig Dollar gesammelt haben. Irgend jemand hat fünf Dollar in die Büchse getan, aber ich habe nicht gesehen, wer es war. Aber es hat Spaß gemacht, nicht wahr?"

„Oh, und ob", meinte Barbara, „mir hat's sehr gefallen."

„Ich hab' gedacht, daß ich nie wieder ganz auftauen werde, aber schließlich ..." Margarets Stimme kam ein wenig ins Stocken.

„Hast du schöne Weihnachten gehabt?" fragte Barbara rasch.

„Oh, himmlisch! Und du?"

„Ach, ganz groß." Sie zögerte und stürzte sich dann mit einem Gefühl von Leichtfertigkeit in den nächsten Satz: „Sag, Margaret, hättest du nicht Lust — es fällt mir nur gerade ein — ich meine, ich muß am Freitagabend bei meinen kleinen Brüdern zu Hause bleiben, und da habe ich mir gedacht, du hättest vielleicht Lust, zu mir zu kommen und über Nacht dazubleiben oder auch nur den Abend über, wenn es dir besser paßt." Ihr Atem ging ein wenig unregelmäßig, ihr Gesicht war purpurrot geworden, weil sie ihren Vater in der Nähe wußte. Gerade, als sie das dachte, stand er auf und ging mit einem zerstreuten Ausdruck aus dem Zimmer. Ach ja, er war ... schon ein wenig eigen, gewiß. Aber er hatte ja doch schon gehört, wie sie um Margaret warb. Und nun mußten Mutter und er wirklich am Freitagabend ausgehen.

„Ach herrjeh, das tut mir aber leid", sagte Margaret. Meinte sie es wirklich? Wie konnte man bloß wissen, ob jemand es aufrichtig meinte, wenn er sagte, es täte ihm leid ... Ich habe auch zu Bud gesagt, es tue mir schrecklich leid ... „Aber ich gehe am Freitag mit Bud Parker ins Kino."

Barbara blinzelte das Telefon an, hielt es einen Augenblick lang von sich ab, als hätte es plötzlich seine Form verändert, nahm es dann vorsichtig wieder an ihr Ohr und fragte: „Bud Parker?"

„Ja, er hat mich heute morgen angerufen ..." — nach dem Anruf bei mir, dachte Barbara — „und ich hab' ja gesagt. Und ich muß sagen", fuhr Margaret mit der Offenheit fort, die bei ihr häufig so entwaffnend wirkte und es auch wohl sein sollte, „ich freue mich schrecklich, daß er mich angerufen hat. Ich hab' ihn immer für einen Misogynen ... einen Misanthropen ... oder wie immer die Frauenhasser heißen mögen, gehalten. Hast *du* vielleicht schon einmal gehört, daß er ein Mädchen eingeladen hätte?" Ja, mich, dachte Barbara. „Wie er also sagte ‚Kino', habe ich gesagt: ‚Oh, schick!' das heißt, natürlich nicht laut, aber ich hab's gedacht. Ja, aber es tut mir wirklich leid, daß ich nicht zu dir kommen kann. Vielleicht ein andermal. Oder du kommst mal zu mir."

Nachdem sie aufgehängt hatte, ging Barbara stirnrunzelnd zu einem Sessel und setzte sich, um ihre Gedanken zu entwirren. Margarets Stimme hatte ganz eindeutig freundschaftlich geklungen, und sie schien auch gar nicht erstaunt über die Einladung für Freitag. Es hatte auch aufrichtig geklungen, was sie über ein späteres Zusammensein sagte, obgleich sie nichts Bestimmtes vorgeschlagen hatte. Sie hatte ... Barbara schüttelte den Kopf, wie um Klarheit darin zu schaffen. Margaret Obemeyer ging nicht nur zufällig einmal mit Bud Parker aus, sie war ganz offensichtlich und ohne jeden Vorbehalt entzückt darüber. Ich verstehe das nicht, dachte Barbara. Sie war verwirrt und auch irgendwie entmutigt über diese Wendung der Dinge, wie es eben jemandem geht, der gewisse Berechnungen anstellt und dann eine Gleichung falsch liest. Bud *war* doch ein Außenseiter — oder etwa nicht? Niemals hatte es irgendwelche Anzeichen dafür gegeben, daß eine der Schulgruppen an ihm interessiert war. Aber vielleicht wollte er es auch gar nicht? War er etwa auch von der Art, die sie Katy zuschrieb ... hielt er sich womöglich ganz bewußt abseits? Ich hätte ‚ja' sagen sollen, dachte sie. Zwei- oder dreimal fühlte ich mich gestern abend zu ihm hingezogen, aber ich wehrte mich dagegen, weil ... Ihre Gedanken gerieten ins Stocken, aber sie fuhr verbissen fort, wie um sich zu strafen: ... weil ich dachte, er wäre nicht gut genug für mich. Nein, das war es nicht. Weil ich dachte, er würde mir nichts nützen, wo ich es doch am meisten brauche ... eben im Ansehen der anderen.

Ihr Gesicht war gespannt, und in Gedanken wiederholte sie sich immer wieder Buds Anruf und das Gespräch mit Margaret.

Wir gehen heute abend aus", sagte Mrs. Perry am Freitag nach dem Abendessen zu ihrem Mann. Sie waren noch ein wenig am Tisch sitzengeblieben. Die Kinder machten in ihren Zimmern Schularbeiten, und Hector hatte sich in seiner ganzen unglaublichen Länge auf dem Fußboden ausgestreckt und seufzte ab und zu vor sattem Wohlbehagen. Draußen war eine schwarze, sternlose, bitterkalte Nacht. Für jemanden, der von dort hereinschaute, mußte dieses Eßzimmer einen heimeligen, freundlichen Anblick bieten, dachte Mrs. Perry. Das glänzende Mahagoni mit den Stuhlsitzen aus Korbgeflecht, der Abendbrottisch, der Freude an Abwechslung und Fülle, aber keine Eßgier verriet. Sie wußte nicht ganz genau, auf welche Weise ein gedeckter Tisch das zu verraten imstande war, aber ihrer konnte es eben — ein Schinken, der auf einer alten Silberplatte hübsch angerichtet und offenbar von unerfahrener Hand geschnitten war (Hal lernte es eben nicht) und auf dem Fußboden Hector, dieses kraftvolle Geschöpf. Er erinnerte an einen Wolf, den Liebe, Häuslichkeit und Nahrung gezähmt hatten.

Und dann schließlich wir beide, dachte Mrs. Perry, Hal und ich. Da hocken wir an der Grenze zum reiferen Alter, aber ohne Angst und bereit, darauf loszuflattern. „Wie ein Taubenpärchen", fügte sie laut hinzu.

Ihr Mann warf ihr einen düsteren Blick zu. „Was heißt hier Tauben? Ich habe nur verstanden, daß wir ausgehen, und ich muß dir sagen, daß ich damit ganz und gar nicht einverstanden bin. Im Prinzip wie in der Praxis bin ich dagegen, daß wir ausgehen müssen, nur weil Barbara bei Verabredungen Ausflüchte macht, und ich bin mir auch noch keineswegs darüber klar, ob ich wirklich gehen werde. Was haben denn Tauben damit zu tun?"

„Wir beide, Lieber, du und ich, erinnern mich an ein Paar tapferer Tauben, die am Rand des reiferen Alters hocken — bereit, zusammen darauf zuzuflattern."

Sein finsterer Blick wich einem Ausdruck von Bestürzung. „Hör mal, du solltest nicht einmal im Spaß solche Sachen sagen. Vermutlich kannst du dir nicht vorstellen, wie das auf meine Verdauung wirkt." Er rieb sich das Kinn. „Ich mag heute abend nicht ausgehen. Dann müßte ich mich ja rasieren." Mrs. Perry sagte nichts. „Letty, weißt du etwa irgendeinen vernünftigen oder moralischen Grund, warum uns Barbara auf diese Weise aus dem Hause treiben sollte?"

„Na, na... treiben?" protestierte sie schwach.

„Jawohl, treiben. Ich will nämlich nicht ausgehen. Willst du etwa?" Seine Frau zögerte, zuckte dann die Achseln. „Sie muß lernen — und darum geht es — daß sie nicht einfach so mir nichts, dir nichts über andere Menschen verfügen kann, nur um ihre Schwindeleien zu decken."

„Hal, sie hat ja gar nicht geschwindelt. Du sagst oft ganz Ähnliches. Wir alle tun es — nur kann uns niemand dafür zur Rechenschaft ziehen."

„Ja, das mag stimmen", gab er zu, aber dann fuhr er wieder auf: „Dennoch, sie muß das begreifen lernen."

„Sie wird schon", lenkte Mrs. Perry ein. „Du wirst es ihr beibringen."

„Was hat sie denn nun heute abend vor?"

„Katy Stryker kommt her."

„Weißt du, dieses Mädchen erinnert mich an irgend jemanden — an Carmen, glaube ich. Sie hat so etwas ‚Schicksalhaftes'. Ich meine, sie ist mit einem Schicksal beladen, und zwar mit keinem guten."

„Wie kommst du darauf?"

„Ach, ich weiß selbst nicht, ob ich ganz dran glaube. Sie macht eben diesen Eindruck — ich möchte sagen, mit Absicht. Diese schwarzen Haare und die weiße Haut und diese Bewegungen... ihre Arme haben immer etwas von Schleiern, die in ahnungsvollen Winden flattern!"

„Sie ist fünfzehn. Erinnere dich doch, was Dr. Palmer gesagt hat."

„Dennoch ist es schwierig zu sagen, wo die Wirkung der Hormone aufhört und der Charakter anfängt. Wenn wir also ausgehen, werde ich mich jetzt lieber rasieren. Wohin gehen wir eigentlich?"

„Anne Weber hat heute nachmittag angerufen und gefragt, ob wir Lust hätten, am Abend hinüberzukommen. Du siehst also, wir sind wirklich eingeladen."

„Was an der Sache im Grunde nichts ändert."

„Nein. Geh und rasiere dich. Ich räume inzwischen den Tisch ab."

Aber er zögerte immer noch. „Was sind die Strykers denn für Leute?" wollte er wissen. „Kennst du sie?"

„Nicht sehr gut. Er ist Vertreter für irgendein medizinisches Präparat. Viel unterwegs, nehme ich an. Und sie ... sie ist eben einfach eine Frau. Früher traf ich sie bei den Elternversammlungen, als Katy und Barbara noch in der Grundschule waren. Ich sehe sie auch jetzt noch manchmal oder telefoniere gelegentlich mit ihr. Sie hat eigentlich immer etwas zu jammern."

„Über was?"

„Ach, eigentlich über alles, weißt du. Es ist mehr eine schlechte Angewohnheit. Vor einiger Zeit hat sie mir mal gesagt, das Leben sei nichts als eine Reihe von Enttäuschungen. Aber es gibt viele, die das sagen."

„Nur die Idealisten."

„Wie meinst du das?"

„Gerade den Idealisten werden nach und nach alle Illusionen genommen. Sie erreichen ihr hochgestecktes Ziel zu selten. Immer müssen sie schließlich Kompromisse eingehen, immer sind sie enttäuscht — und enttäuschend. Ich jedenfalls freue mich, daß ich ein Realist bin."

„Während des Krieges warst du es nicht. Mindestens hast du mir Briefe geschrieben, die ich ziemlich idealistisch nennen möchte."

„Im Krieg ist's doch was ganz anderes. Da braucht man Ideale, weil man es einfach nicht fertigbringt, die Dinge zu sehen, wie sie sind. Was man sieht, ist zu unglaublich, und Realisten müssen glauben, was sie sehen."

„Wirklich nur das — und ganz und gar?"

„Nein, weder nur noch ganz und gar. Aber eine der Grundbedingungen des Realismus ist eben der Wunsch, die Dinge so zu sehen, wie sie sind. Während des Krieges war mir das unmöglich Ich habe nichts von alledem geglaubt, was ich dort drüben zu sehen bekam, also mußte ich mich natürlich nach Idealen umtun. Es gab keine Realität."

„In gewisser Weise tun Kinder in Barbaras Alter das gleiche", meinte Letty Perry. „Sie tragen ihren Idealismus wie ein Banner vor sich her, weil sie noch nicht bereit sind für die Wirklichkeit. Ich versuche mich manchmal zu erinnern, wie es mir selbst ging, und — glaube mir — mein Inneres war das reinste Schlachtfeld." Sie faltete ihre Serviette sorgsam zusammen und legte sie neben ihren Teller. „Wenn man in dieses Alter kommt, will ein Teil des eigenen Ichs sich von allem lösen — von der Kindheit, von den Eltern, von allen Dingen, die man als Sklaverei empfindet, während der andere Teil vor dieser Loslösung heillose Angst hat und nur sehnlichst wünscht, daß alles so bleiben möge, wie es ist. Und da steht man denn — und ist nicht nur ein Schlachtfeld, sondern stellt zugleich auch noch die Munition, das Kriegsgeschrei und die Streitmacht für beide Seiten. Eigentlich erstaunlich, daß dabei nicht mehr auf der Strecke bleibt als das, worüber wir dann jammern." Sie lachte leise. „Rede beendet! So, und nun bitte, rasiere dich."

In der Tür drehte sich ihr Mann noch einmal um. „Dessen ungeachtet war es eine treffliche Rede!"

Als er fort war, räumte Mrs. Perry den Tisch ab. Sie ging langsam zwischen Eßzimmer und Küche hin und her, und auf ihrem Gesicht lag ein geistesabwesender Ausdruck. Eine treffliche Rede, ja, und in gewissem Sinne stimmte auch alles. Aber man konnte ja nie wissen, ob man sich seiner eigenen Empfindungen ganz genau erinnerte. Und man wußte nicht, ob sich diese Empfindungen — mochte man sich ihrer nun richtig erinnern oder nicht — auf die jungen Menschen von heute anwenden ließen. Die Gefühle der Menschen verändern sich wohl nicht allzu sehr. Oder behaupten das die Leute nur, um nicht allzu viel über menschliche Probleme nachdenken zu müssen? War nicht die heutige Jugend viel abgebrühter, viel wissender, viel verbitterter (und also — wenn man Hal recht gab — viel idealistischer) als die jungen Leute ihrer eigenen Zeit? Wir hatten die Wirtschaftskrise, und in der ganzen Welt fühlte man sich nicht mehr sicher, aber wir glaubten und wußten ja auch nicht wirklich, daß es einen zweiten Weltkrieg geben würde. Heute scheinen alle jungen Menschen darauf gefaßt, daß... Nein, sie konnte es nicht aussprechen. Sie konnte es nicht glauben, denn der nächste Krieg würde allem ein Ende machen. Natürlich, man hatte das auch schon vom letzten behauptet. Aber bei allem, was seit dem letzten Kriege erfunden und konstruiert worden war, bei dieser unbegreiflichen Zerstörungswut, die man bisher noch zu zügeln wußte, die aber so leicht losbrechen konnte... Ein Leben, wie sie es jetzt kannten, würde das nicht überdauern.

Es gab Menschen, die meinten, die heutigen Verhältnisse lohnten ein Überleben nicht; es sei besser für die Menschheit, sich selbst ein Ende zu setzen und es einem neuen Versuch zu überlassen, sich in einem Jahrmillionen dauernden Prozeß aus dem Schlamm zu irgendeinem anderen, besseren Ziel zu entwickeln. Letty Perry hatte dafür durchaus kein Verständnis. Für sie war der Mensch etwas Unglaubliches und Großartiges. Vielleicht nicht jeder einzelne, sicher auch gewisse Epochen der menschlichen Geschichte nicht. Aber man konnte doch diesen ungeheuren Versuch der Menschheit nicht einfach auslöschen, weil das Ergebnis nicht in jeder Hinsicht den Erwartungen entsprach. Es war noch Zeit — noch Zeit genug zum Wachsen und Blühen, Zeit für den allmählichen Weg zur Vollkommenheit, den jedes große Experiment für sich beanspruchen konnte. Nur durfte man nicht einigen Teilchen dieser Menschheit erlauben, das Ganze mit Vernichtung zu bedrohen. Wenn sie anfing, darüber nachzudenken, wurde ihr Inneres von Panik ergriffen. Dann rumorte die Angst in ihr wie eine Fliege, die in einer Flasche gefangen ist. Sie mußte damit aufhören und regelrecht tief Luft holen, um sich wieder zu beruhigen.

Es ist nicht nur das ganz persönliche Entsetzen, das eine Mutter von zwei Söhnen erfaßt. Es geht tiefer. Ich weiß ganz sicher, es geht tiefer. Es ist die namenlose Angst, die jeder Mensch fühlen muß, der etwas hervorbringt, pflegt und großzieht, die Angst eines Vaters oder einer Mutter, eines Gärtners oder eines Künstlers, wenn er sein liebevoll gehegtes Werk bedroht sieht, wenn es den Anschein hat, daß alles, was in dieses Werk eingegangen ist — Kühnheit und Empfindsamkeit, Farbe und Ausgewogenheit, kurzum sein Herz —, durch eine winzige Handbewegung zerstört werden könnte.

Aber die jungen Menschen, sie versuchte ihre Gedanken zurückzuzwingen, die jungen Menschen von heute scheinen das Schlimmste zu erwarten und das Beste zu hoffen, und das ist vielleicht das Äußerste, was in unserer Zeit an Realismus möglich ist.

Während sie die Treppe hinaufstieg, um ihren Kindern gute Nacht zu sagen, wurde ihr klar, daß in ihrer Vorstellung innerhalb von zehn Minuten aus einer Jugend, die ihren Idealismus wie ein Banner vor sich herträgt, eine Jugend geworden war, welche die äußerste Grenze des Realismus erreicht hat. Und dabei schien ihr der Gedankengang vollkommen logisch zu sein. Gepriesen sei der Mann, dachte sie, der einmal die Konsequenz eine „Ausgeburt kleiner Geister" genannt hat. Wieviel Verwirrung und Zweifel an mir selbst hat er mir erspart, und außerdem hat er mir noch einen schönen großen Geist zugestanden, der von keinen Ausgeburten behelligt wird! Jedenfalls glaube ich, daß konsequente Menschen unlebendig sind.

Sie klopfte leicht an die Tür ihrer Tochter. „Barbara?"
„Komm nur rein."

Barbara saß an ihrem Schreibtisch. Ihre schlanken Beine hatte sie um die Stuhlbeine geschlungen. Die linke Hand ins Haar gewühlt, saß sie mit einer Art kühler Sachverständnis über ihren Hausaufgaben. „Moment", sagte sie, kritzelte noch rasch etwas hin und wandte sich dann zu ihrer Mutter um. „Fertig!"

Was für ein Jammer, daß es dir so gar keinen Spaß macht, dachte Mrs. Perry, hielt sich aber gerade noch davon zurück, es auszusprechen. Wenn man erst einmal damit anfing, seine geheimen Gedanken zu formulieren, dann war das Leben nur noch eine Kette sehr nützlicher, vorwurfsvoll vorgebrachter Ermahnungen: Was für ein Jammer, daß dir deine Hausaufgaben so gar keinen Spaß machen, daß du Tante Edna nicht leiden kannst, daß du keinen gebratenen Fisch magst. Barbara machte ja ihre Hausaufgaben, war höflich zu Tante Edna und briet sich ein Spiegelei, wenn es Fisch gab. Ihr Verhalten würde sich mit der Zeit schon ändern, aber sicher nicht, wenn man sie zu überreden versuchte, und außerdem gab es immer noch genug Dinge, die man sagen *mußte*.

„Weiß Katy schon, ob sie über Nacht bleiben wird?"
Barbara schüttelte den Kopf. „Sie weiß immer alles erst in der allerletzten Minute."

„Gut, sag ihr aber bitte, daß dein Vater sie heimfahren wird, wenn sie nicht dableibt. Und, Barbara, wir werden heute nicht so spät nach Hause kommen, und Vater möchte sie sicher dann gleich heimfahren."

„Was heißt: nicht so spät?"

„Na, wir werden so um Mitternacht zurück sein."

„Dann muß sie eben hierbleiben. Wir ... man kommt immer erst gegen Mitternacht richtig ins Gespräch."

Mrs. Perry wollte etwas entgegnen, unterließ es aber. Es stimmte ja. Wenn man mit einer Freundin zusammen war, fing man immer erst gegen Mitternacht an, sich richtig zu unterhalten. Sie glaubte nicht, daß Barbara besonders innig mit Katy befreundet war, aber auch das war etwas, was man nicht erwähnen und wonach man sie nicht fragen durfte. Das Innenleben einer Fünfzehnjährigen, dachte sie noch, ist zweifellos besser abgeschirmt als ein Atommeiler.

„Gut! Macht was ihr wollt, aber laßt ihre Mutter noch vor Mitternacht wissen, wozu ihr euch entschlossen habt. Wir werden also gegen zwölf Uhr zurück sein."

„Ja, ja", meinte Barbara ungeduldig, und dann stand sie, einem plötzlichen Impuls folgend, auf und schlang ihre Arme für einen kurzen Augenblick um den Hals ihrer Mutter, zog sie rasch wieder zurück und lächelte. Es war das reizende, selbstvergessene Lächeln, das sie als Kind gehabt hatte — und ehe Mrs. Perry noch recht Zeit fand, es wiederzuerkennen, war es auch schon wieder verschwunden. „Ich ..." Sie wußte nicht, was sie sagen sollte. Sie fuhr sich, wie alle Frauen, wenn sie unsicher sind, durchs Haar. „Das war nett", meinte sie.

„Und ganz umsonst", sagte Barbara. „Mir fiel mit einem Mal ein, wie nett du bist." Und als sei dieser Augenblick mehr, als sie ertragen konnte, wandte sie sich ab.

„Wir sagen beide viel zu oft ‚nett'."

„Immer noch besser als ‚himmlisch' " erwiderte Mrs. Perry.

Sie zögerte auf der Schwelle, als ginge sie ungern, aber sie wußte, daß sie nun gehen sollte, und daß, wenn sie noch länger hier herumstand, sich auch dieser unerwartete Augenblick in Fremdheit verkehren würde.

82

„Habt einen netten Abend zusammen", sagte sie und ging hinunter. Wenn ich Schriftstellerin wäre, so würde ich etwas über diese plötzlichen, unvorhergesehenen Augenblicke der Nähe schreiben — nicht nur der Nähe zwischen Eltern und Kindern, sondern zwischen allen menschlichen Wesen. Manchmal tauscht man mit völlig Fremden diesen Blick eines zeitlosen Verstehens. Die Blicke begegnen sich für einen feierlichen und tiefen Augenblick, man gibt und empfängt, und dann geht jeder seiner Wege. Ich habe diesen seltsamen Austausch ein- oder zweimal erfahren, und wenn ich ein Dichter wäre, so könnte ich — da man sie immer nur im Fluge erhascht — sie womöglich reicher und bedeutungsvoller finden als diese Augenblicke zwischen Barbara und mir, die wir früher schon gekannt haben, und die es auch in Zukunft wieder geben wird. Aber ich bin eine Mutter und beneide die Dichter nicht um ihre Gaben.

An den Wänden im Zimmer der Jungen hingen Tierbilder und eine große, wunderschöne Landkarte von Afrika, die sie zu Weihnachten bekommen hatten. Als Mrs. Perry hereinkam, saß Richard im Schneidersitz auf seinem Bett und studierte die Karte. Er beugte sich ein wenig vor und wandte sich dann um, als wollte er die Mutter in seine Betrachtung einbeziehen.

„Alles ist drauf", meinte er anerkennend. „All die kleinen Bäume und die Esel und die Löwen und die Kamele." Er schüttelte den Kopf. „Kamele haben etwas schrecklich Komisches an sich, wenn man sich's genau überlegt", Richard hatte die Angewohnheit, Ausdrücke wie ‚wenn man sich's genau überlegt' oder ‚alles in allem genommen' in die Unterhaltung einzuflechten, womit er seinen Vater nachahmte. Es klang ein bißchen pedantisch und verblüffte viele, die ihn nicht gut kannten.

„Wenn man sich's richtig überlegt, stimmt es", erwiderte Mrs. Perry.

„Irgendwie töricht und hochmütig."

„Hier unten gibt's Krokodile", meinte Richard, der sich immer mehr in die Karte vertiefte.

Mrs. Perry ging zu Andrew hinüber. Er saß am Schreibtisch und schrieb mit einem knapp drei Zentimeter langen Bleistiftstummel etwas auf die erste Seite eines Buches. Seine

Zungenspitze hatte sich im Mundwinkel festgeklemmt, mit der Spitze seines einen Hausschuhs bearbeitete er unablässig den Hacken des anderen, und die Finger seiner linken Hand kneteten sein Ohrläppchen. Den Stuhl hatte er so weit vom Tisch geschoben, daß er buchstäblich nur auf der Kante saß und sich weit vorbeugen mußte, um überhaupt an den Tisch heranzureichen.

„Bequem, was?" meinte seine Mutter.

Andrew sah auf, grinste und nickte. „Schau mal", sagte er und wies auf das Heft. „Falls es mal verlorengeht."

Mrs. Perry sah es sich an und war durchaus nicht erstaunt über das, was da stand:

Andrew Joseph Perry
Carmel Avenue 11
Nortown, Ohio
Vereinigte Staaten von Amerika
Nordamerika
Westliche Halbkugel
Erde
Sonnensystem
Weltall

„So bekommst du es ganz bestimmt zurück", lächelte sie. „Ich habe es früher genau so gemacht", fügte sie noch hinzu, denn die Jungen waren noch in dem Alter, wo die Tatsache, daß ihre Eltern auch einmal Kinder waren, sie ungemein fesselte.

„Wirklich?" meinte Andrew vergnügt. „Genau so wie ich?"

„So genau weiß ich es nicht mehr. Ich glaube, ich habe das Sonnensystem ausgelassen." Er sah sie zweifelnd an. „Ich habe es trotzdem nie verloren", sagte sie rasch.

„Geht ihr heute abend aus?" fragte er.

„Ja."

„Wohin denn?"

„Zu den Webers."

„Bleibt Barby bei uns?"

„Ja. Ihre Freundin Katy kommt herüber."

Andrew nickte. „Weißt du, daß Katy adoptiert ist?"

Seine Mutter machte große Augen, und er zuckte die Achseln, als lehne er jede Verantwortung für die Wahl der Strykers ab. „Klar. Aber Fay, ihre kleine Schwester, nicht. Sie sagt, Fay sei das richtige Kind ihrer Eltern, und sie sagt auch, sie kann gar nicht verstehen, wie man in bloß zehn Jahren so widerlich werden könne wie Fay."

Mrs. Perry wußte nicht, was sie sagen sollte, entschloß sich dann aber zu fragen: „Findest du es richtig, daß du horchst, Andrew?" Hatte es irgendeinen Sinn, ihm zu sagen, daß Katy nicht adoptiert war? Aber immerhin war es besser, wenn er es nicht andern gegenüber wiederholte.

„Ich habe nicht gehorcht", meinte Andrew völlig unbekümmert, „sie sprechen immer so laut, daß wir's hören können. Oder vielleicht" — und dabei lächelte er ihr listig zu — „denken sie auch, daß wir's nicht verstehen könnten. Viele Menschen denken immer, man könnte etwas einfach nicht verstehen, wenn man nicht so alt ist wie sie."

Mrs. Perry mußte ihm darin recht geben. „Aber ... aber sprich nicht mit anderen darüber, daß Katy adoptiert ist, nicht wahr, mein Schatz?"

„Warum sollte ich? Wen interessiert das schon?"

„Nun ja, es geht nicht nur darum."

Was waren hier eigentlich für moralische Maßstäbe anzulegen? Sollte sie Andrew erklären, daß Katy sich das alles einbildete? Andrew ließ sich nichts vormachen und würde sich das sicher in: „Katy schwindelt!" übersetzen. Aber sie scheute sich davor, das Mädchen als Schwindlerin zu bezeichnen. Selbst wenn sie eine ist, dachte Mrs. Perry, rief sich dann aber zur Ordnung und kam zu dem Schluß, daß Katy wohl eine besonders blühende Phantasie habe. Überhaupt mochte sie sich das alles nicht gern vorstellen.

Andrew hatte Katy inzwischen längst vergessen und war nun ebenfalls in die Karte vertieft. „Sieh mal her", forderte er seine Mutter auf. „Hast du die Wale dort in der Ecke schon gesehen, und wie sie das Wasser rausprudeln?"

Mrs. Perry wandte sich den Walen zu und beschloß, nicht mehr auf Katys Herkunft zurückzukommen. Aber als sie dann im Wagen saßen, meinte sie doch zu ihrem Mann: „Wußtest du, daß Katy herumerzählt, sie sei ein adoptiertes Kind?"

„Ist sie's denn?"

„Aber Hal ...! Sie kam einen Monat nach Barbara zur Welt. Im gleichen Krankenhaus. Ich habe ihre Mutter noch besucht und ihr ein Paar Schuhchen mitgebracht, die mir jemand geschenkt hatte."

„Das klingt überzeugend. Wie machst du es nur, daß du das alles im Gedächtnis behältst?"

„Findest du es richtig, daß sie einen solchen Unsinn überall herumträgt?"

„Ich glaube kaum, daß sich irgend jemand brennend dafür interessiert. Und was willst schließlich du dagegen unternehmen?"

„Nichts. Nur . . ." sie unterbrach sich und starrte auf die helle Straße vor den Scheinwerfern ihres Wagens. „Ich hoffe nur, daß Barbara nicht auch so etwas sagt — oder denkt."

„Oh, ich glaube, so etwas ist nicht ansteckend. Und im übrigen ist es keine seltene Erscheinung. Sehr viele Kinder machen diese Phase des ‚Adoptivkindes' durch. Aber das schadet ihnen nichts, glaub mir."

Manchmal, dachte Mrs. Perry, kommt es mir so vor, als gäbe es wirklich keinen einzigen Mann, der einem Verständnis entgegenbringt. Gleichgültig und gefühllos — so sind sie alle, und das macht mich einfach krank. Sie kuschelte sich in ihren Mantel und gab keine Antwort, machte sich aber dann voller Ungeduld klar, daß Hal stundenlang zu schweigen vermochte und also gar nicht merken würde, daß er bestraft werden sollte.

Katy war die zappeligste Person, die Barbara je gesehen hatte. Es schien, als könne sie sich niemals ganz im wörtlichen Sinne entspannen, nie länger als eine Minute in der gleichen Stellung und, sogar wenn es schon sehr spät am Abend war, in ein und demselben Zimmer bleiben. Sie wanderte von der Küche ins Wohnzimmer und von dort zum Eßzimmer, fummelte am Plattenspieler herum, zupfte an den Vorhängen und an der Tischdekoration, die auch prompt umfiel, als sie sie anfaßte, und sich nicht wieder ganz in Ordnung bringen ließ. Ihre Finger fuhren entweder flüchtig durch ihr Haar (was ihr einen leicht unordentlichen Anschein verlieh, der nicht ohne Reiz war) oder über die Kordelnaht eines Sesselbezugs oder den Rand eines Aschenbechers. Sobald Katy kam, legte sie einen Stoß Schallplatten auf, weil sie es nicht ertragen konnte, wenn es um sie herum vollkommen still war.

„Machst du das zu Hause auch?" fragte Barbara.

„Was?"

„Na, immer so herumtigern. Ich würde dir ja dabei Gesellschaft leisten, aber es macht mich müde."

Katy ließ sich in einen Sessel sinken, bekam eine Haarsträhne zu fassen und drehte sie um den Finger. „Ich bin eben irgendwie kribbelig", — sie machte eine Bewegung, als wolle sie ihre Hand von sich schleudern — „ich weiß nicht, was das ist, vielleicht eine Art Neurose. Wenn ich ruhig dasitze — besonders, wenn es um mich her still ist — ist es fast so, als bekäme irgend etwas über mich Gewalt, oder als müßte ich irgend etwas hören, was ich lieber nicht hören möchte."

„Zum Beispiel?"

„Ich weiß auch nicht", meinte Katy trocken. „Das ist es ja gerade. Ich weiß es nicht, und ich will es auch gar nicht wissen, also muß ich herumlaufen und Radio spielen ... Ich stell' das Radio an, sobald ich in mein Zimmer komme, ich schlafe dabei ein, und es weckt mich morgens. So eine Art Radio-Wecker, weißt du."

„Machst du denn auch Schularbeiten bei Radiomusik?"

„Ich könnte es gar nicht ohne."

„Ich hab's auch mal versucht — aber es ging nicht."

„Ach was?" Katy war nicht an Barbaras Arbeitsgewohnheiten interessiert. „Aber du hast keine Ahnung, was es heißt, immer so unter Hochspannung zu stehen. Manchmal denke ich, ich werde noch verrückt. Und dann wieder — zum Beispiel, wenn ich von der Schule nach Hause gehe — dann möchte ich am liebsten immer so weitergehen. Und eines Tages werde ich auch einfach an unserem Haus vorbei und immer weiter gehen — und nicht mehr zurückkommen."

„Wohin würdest du denn gehen?"

„Barbara — mußt du denn jedes Wort auf die Goldwaage legen? Ich weiß es nicht, und es ist mir auch gleichgültig. Einfach fort." Sie stand auf, trat ans Fenster und starrte hinaus. „Eben einfach fort."

Warum geben wir uns eigentlich miteinander ab? dachte Barbara. Sie findet mich fade, und ich halte sie für hysterisch, und wir haben uns im Grunde nichts zu sagen. Ist es immer wieder dasselbe — ist es immer wieder nur der Wunsch nach einer gewissen Sicherheit? Solange wir Freundinnen sind — kann man es überhaupt so nennen? — oder mindestens den Schein wahren, brauchen wir nicht zu befürchten, daß man uns zu diesen jämmerlichsten aller Figuren zählt — zu den Halbwüchsigen ohne Anschluß. Sie betrachtete Katys schlanke nervöse Erscheinung, wie sie da voller Unrast am Fenster stand. Warum habe ich nur angenommen, daß sie selbst den Wunsch hat, für sich zu bleiben? Niemand wünscht sich das, und ich möchte wetten, daß sie noch einsamer ist als ich, denn ich weiß doch wenigstens, wer meine Eltern sind. Natürlich wußte Katy es im Grunde auch, aber es mußte einem schon das Gefühl des Verlassenseins geben, wenn man auch nur vorgab, es nicht zu wissen.

„Glaubst du denn wirklich, daß du adoptiert bist?" fragte sie plötzlich.

„Was?" Katy drehte gerade die Schnur der Jalousie in den Händen, sie wandte sich nicht um.

„Ich sagte, ob du wirklich glaubst, daß du adoptiert bist?"

Katy hob langsam die Schultern und ließ sie wieder sinken. „Da geht Ellen Murray gerade mit ihrem Herrn und Meister ins Kino. Gehen sie jeden Abend zusammen aus?"

„Fast jeden Abend."

Katy kehrte zu ihrem Sessel zurück. „Mein Gott, ist die blöd!"

„Würde ich auch denken, aber es kann ja sein, daß sie wirklich verliebt in ihn ist."

„Verliebt! Mädchen, die frisch von der Schulbank weg heiraten, tun das doch nur, um von zu Hause fortzukommen."

„Aber das kann man doch auch auf andere Weise erreichen."

„Heiraten ist das einfachste."

Barbara war nicht ganz dieser Ansicht. „Und wenn dich niemand heiraten will?"

Katy wandte den hübschen Kopf, um Barbara prüfend zu betrachten. „Weißt du, das ist genau die Einstellung, die dazu führt, daß man zum ersten besten, der einen fragt, ‚Ja‘ sagt. Ich möchte wetten, daß die Welt voll ist von Leuten, die nur darum miteinander verheiratet sind, weil das Mädchen glaubte, kein anderer würde sie heiraten wollen. Und wenn du mich fragst, so ist’s immer noch besser, wenn dich kein Mann hat je heiraten wollen, als eben so zu heiraten, nur um verheiratet zu sein.“

„Also ich hoffe bestimmt, daß ich einmal heiraten werde“, sagte Barbara und wußte im selben Augenblick, daß sie nicht erfaßt hatte, worum es Katy ging.

Katy stand auf, schritt ins Eßzimmer hinüber und versuchte, die Heidekrautstengel wieder aufzurichten. „Es tut mir sehr leid, aber es ist irgendwie so trocken.“

„Das macht nichts — ich hab’s dir doch schon gesagt.“

„Ja, aber ich möchte nicht, daß deine Mutter sich darüber ärgert.“

„Mutter ärgert sich nicht über solche Dinge. Komm doch einmal her, setz dich und bleib sitzen. Wann liegst du bloß zu Hause auf der Couch herum, wie du immer behauptest?“

Katy kam zurück und lachte leicht auf. „Nun, zu Hause denke ich nach.“

„Und über was?“

„Wie ich von zu Hause fort könnte, natürlich.“

Eine Weile schwiegen sie beide. Sie lauschten der heiseren Flüsterstimme eines Jazzsängers, Katy spielte an ihrem Haar herum, und Barbara wünschte sich insgeheim, daß sie sie nicht gebeten hätte, zu ihr zu kommen, und hoffte nur, daß sie nicht über Nacht bleiben würde. Manchmal schien es, als könne Katy besonders scharf und klar denken, aber letztlich kam es doch nur darauf hinaus, daß sie sich beklagte. Ein paar Unzufriedene, dachte Barbara, die sich noch gegenseitig aufhetzen, das sind wir. Mich langweilt das alles mit der Zeit.

Sie fühlte sich auf unbestimmte Weise bedrückt und zugleich irgendwie aufgestört durch das Gefühl, daß ihr Leben im Begriff war, sich zu verändern. Ich bin dabei, mich zu verändern, dachte sie dann. Aber sie wußte noch nicht, auf welche Weise, und sie konnte auch nicht darüber nachdenken, solange Katy da war. Ich wünschte, ich hätte den Mut, sie zu bitten, daß sie heimgehen soll. Ich wünschte, ich wäre nicht zu feige, zu ihr zu sagen: „Katy, wir verursachen uns doch nur gegenseitig Unbehagen, wir sind doch nur zusammen, weil wir beide nicht recht wußten, was wir sonst mit diesem Abend anfangen sollten — also, warum trennen wir uns nicht?“ Aber so etwas sagte man eben nicht. Nicht, wenn man gut erzogen war. Und erst recht nicht, wenn man niemals in seinem ganzen Leben wirklich aufrichtig gegen einen Menschen gewesen war, von den Familienangehörigen abgesehen — und auch dies nur gelegentlich. Oh, irgend etwas Nettes konnte man schon ganz aufrichtig sagen, aber gab es wirklich Menschen die nur um der Wahrheit willen zu einem sagten: Ich möchte lieber nicht mit dir zusammen sein, und ich weiß, dir ist es auch lieber, wenn du nicht mit mir zusammen bist? Nein, sie glaubte es nicht. Kinder konnten so freimütig sein und auch die Offenheit anderer für selbstverständlich halten, aber wenn man einmal den Bezirk der Kindheit verlassen hatte, dann geriet man unweigerlich in die Fallen der Höflichkeit. Und für Leute wie mich, die so ... so blödsinnig *beflissen* sind, ist's ganz besonders schwierig. In einem plötzlichen Anfall von Verstocktheit warf sie Katy einen Blick zu. Katy starrte mit leerem Ausdruck zurück.

„Was ist los mit dir?“ fragte sie.

„Los?“ meinte Barbara verwirrt. „Was meinst du damit?“

„Du hast mich eben angestarrt, als hätte ich eines deiner Geheimnisse entdeckt und am Schwarzen Brett bekanntgemacht.“

„Nein, keineswegs ... das heißt, ich wollte sagen ... ich weiß auch nicht, was ich sagen wollte. Ich scheine heute abend nicht gut beisammen zu sein. Ich möchte gern wissen“, fuhr sie langsam fort, „ob Margaret Obemeyer jemals nicht gut beisammen ist. Ich glaube schon, nur würde es niemand merken.“

„Ach ja — der Schwarm aller Jungen!“

Du bist bloß eifersüchtig, dachte Barbara. „Warum sagst du das?“

Katy gab zuerst keine Antwort. Dann reckte sie ihr Kinn ein wenig in die Luft, wie jemand, der sich für eine Auseinandersetzung bereitmacht, und meinte: „Wer so beliebt ist bei allen, bei dem stimmt irgend etwas nicht. Das ist doch wohl einzusehen, oder nicht? Es ist unmöglich, daß alle die gleiche Person mögen ... also ist die, die von allen gemocht wird, eben bei jedem anders, je nachdem, mit wem sie gerade zusammen ist. Der eine sieht seine Margaret in ihr und der andere seine Mitzi!"

Barbara hatte keine Lust, darauf zu antworten. Sie wollte weder Katy verärgern noch Margaret in Schutz nehmen. Das unsichere kleine Lächeln stahl sich bereits wieder auf ihre Lippen — wie immer, wenn sie sich auf dem Wege glaubte, irgend jemanden, ganz gleich wer es war, zu verstimmen.

Das ist mein ganzes Unglück, dachte sie verzweifelt, ich möchte gern, daß mich alle mögen, ebenso mögen wie Margaret, aber ich weiß einfach nicht, wie man das erreicht, es sei denn, indem ich mich immer versöhnlich zeige. Margaret tut das nicht. Und ich weiß, sie betrügt weder sich selbst noch irgend jemand anderen, der zufällig nicht in der Nähe ist, durch dieses unausgesetzte Bemühen, sich einen Platz in der Zuneigung anderer zu erobern, nur um sich sicher zu fühlen. Irgend etwas ist tatsächlich mit mir los. Vielleicht sollte ich mal zum Arzt gehen oder auch zu einem Pfarrer. Vielleicht sollte ich auch einfach mit meinem Vater sprechen, ging es ihr, ohne daß sie es wollte, durch den Sinn. Aber sie verwarf diesen Gedanken sofort wieder — sie wußte selbst nicht warum.

„Wir sollten deine Mutter anrufen", sagte sie, „und ihr sagen, ob du über Nacht hier bleibst."

„Ist das ein Wink mit dem Zaunpfahl?"

„Nein, durchaus nicht. Nur — man erwartet, daß wir es tun. Hast du dich schon entschlossen?"

Katy durchkämmte ihr schwarzes Haar mit den Fingern. „Ich geh' nach Hause. Ich muß morgen früh aufstehen und arbeiten. Diesmal brauche ich ganz erstklassige Zensuren, sonst läßt man mich nicht weiter fünf Fächer belegen."

„Warum willst du das denn überhaupt?"

„Wenn ich es nicht tue, kann ich auch die naturwissenschaftlichen Fächer nicht belegen, die ich brauche."

Ich wußte nicht einmal, daß sie das überhaupt vorhatte, dachte Barbara.

„Wofür brauchst du sie denn?"

„Ich werde Ärztin."

Barbara erstarrte. Wie konnte sie so etwas nur mit solcher Entschiedenheit sagen? Sie hätte vielleicht sagen können, sie wolle gern oder sie hoffe, sie würde... „Wie kannst du im zehnten Schuljahr so entschieden sagen, was du einmal werden willst? Da kann doch noch vieles geschehen..."

„Für mich nicht", meinte Katy. „Für mich steht das schon seit Jahren fest."

„Davon hast du mir nie etwas erzählt."

„Du hast mich auch nie danach gefragt. Genau genommen, hast du mich auch jetzt nicht gefragt — ich hab's dir eben erzählt. Aber du fragst ja nie danach, wofür sich andere interessieren."

„Hast du mich je danach gefragt?" gab Barbara nicht ohne Schroffheit zurück.

Katy blickte sie aufrichtig überrascht an. „Aber sicher hab' ich das. Du willst Schriftstellerin und Schauspielerin werden und Rechtsanwältin und Ballettänzerin und..." Sie brach ab. „Sieh doch bloß nicht so griesgrämig drein, Barbara. Ich finde es großartig, wenn man das alles werden will, und du hast ja auch noch viel Zeit, dich zu entscheiden. Ich habe nur gesagt, daß ich mich schon vor Jahren entschieden und meine Absicht nie geändert habe."

Barbara wollte sich gegen den Vorwurf wehren, daß sie griesgrämig aussähe, aber sie sagte dann doch nichts. Katy stand auf und ging ans Telefon, um ihre Mutter anzurufen, „Hallo... ach, du bist's, Fay. Sag bitte Mutter, daß ich gegen..." Sie hielt die Hand über den Hörer und fragte Barbara: „Wie komm ich denn nach Hause?"

„Mein Vater fährt dich heim. Meine Eltern werden so um Mitternacht zurück sein." Das schien zwar noch viel zu lange hin, aber dagegen war nun nichts zu machen.

Katy teilte es ihrer Schwester mit und hängte auf. „Bah, was ist diese Fay für eine Plage."

Sagt die eigentlich auch mal was freundliches über einen anderen? fragte sich Barbara. „Sie ist ein reizendes Kind."

„Kann sein. Aber sie läßt mich niemals in Ruhe. Im Grunde kann niemand in diesem Hause für sich sein, nur ich bin anscheinend die einzige, die das stört. Ich bitte auch nie jemanden zu mir, nicht einmal dich, weil wir doch niemals auch nur eine Minute allein sein würden."

„Ist es wirklich so?" fragte Barbara ungläubig.

„Aber sicher ist es so. Ich habe ihnen allen zu Hause schon tausendmal gesagt, daß Leute mit Manieren an die Tür klopfen, ehe sie hereinkommen. Sie aber sind der Ansicht, daß Menschen mit Manieren die Tür erst gar nicht zumachen. Wir verstehen uns eben nicht zu Hause — aber auch nicht im mindesten."

„Was halten deine Eltern von deiner Idee, Ärztin zu werden?"

„Das ist keine Idee — das ist eine feste Absicht. Sie glauben mir nicht, aber das macht nichts. Ich werde versuchen, Stipendien zu bekommen, und mich eben durchbeißen müssen. Ich bin überzeugt, mein Vater wäre durchaus in der Lage, mich studieren zu lassen, aber ich glaube nicht, daß er's tun wird, also..." Ihre Augen wanderten ruhelos umher. „Was machen eigentlich deine Brüder?"

„Sie lesen, denke ich." Barbara sah auf die Uhr. „Es ist schon nach zehn. Ich werde lieber mal nach oben gehen und zusehen, daß sie ins Bett kommen."

Aber Richard und Andrew waren aus eigenem Antrieb zu Bett gegangen. Sie hatten sich Kissen in den Rücken gestopft und lasen und versicherten ihr, daß sie sich die Zähne geputzt und die Hände gewaschen hätten.

„Ihr solltet jetzt lieber schlafen", meinte Barbara. Sie öffnete das Fenster ein bißchen und sah sich im Zimmer um. Dann sagte sie in einem plötzlichen Impuls: „Was meint ihr wohl — interessiert mich das, was ihr tut?"

Richard blickte von seinem Buch auf, entschied, daß diese Frage völlig außerhalb seines Verständnisses lag, und kehrte wieder zu Blackie, der Krähe, zurück. Aber Andrew nahm die Frage bereitwillig auf: „Was wir wann tun?"

„Ganz egal wann", meinte Barbara und kam sich etwas töricht vor. Immerhin, Andrew war noch in dem Alter, da man ganz offen sein konnte, und manchmal zeigte er einen äußerst scharfen Blick für andere Menschen. Es war also gar nicht so falsch, wenn sie bei ihm wenigstens für

einen Teil ihrer Probleme eine Antwort suchte. „Na ja",
meinte er vorsichtig. „Du magst zum Beispiel unser Puppentheater."

„Aber was daran?" beharrte Barbara. Er verkroch sich
förmlich in Zurückhaltung. „Vielleicht bist du mal anders,
wenn du älter bist", sagte er dann und sah sie mit einem
lebhaften, interessierten Blick an. „Zum Beispiel, wenn du
Kinder hast oder so ähnlich."

„Anders als was?" rief Barbara aus.

„Nun ja, anders als du jetzt bist. Jetzt bist du irgendwie
traurig und selbstsüchtig", schloß er treffend.

Das sind nicht seine eigenen Worte, dachte Barbara. Wo
hat er sie nur gehört? „Wer hat das gesagt, Andrew?"
meinte sie kühl und zugleich ein wenig erschrocken.

Er schüttelte den Kopf. „Ich weiß nicht mehr, Barby.
Aber ich meine, das stimmt. Jedenfalls siehst du immer so
traurig aus."

Aber das ist ja schrecklich, dachte Barbara. Einfach
schrecklich. Und als zwänge sie irgend jemand dazu, sagte
sie: „Und was hat es mit der Selbstsucht auf sich?"

„Was meinst du damit?" Sein Blick wanderte zu seinem
Buch zurück. Die Unterhaltung schien ihm unbehaglich zu
werden, aber Barbara ließ nicht so schnell locker.

„Findest du, daß ich selbstsüchtig bin?" wollte sie wissen
und hielt ihn mit ihren Blicken fest. Andrew schien zu
schwanken, machte kehrt und zog sich mit fliegenden Fah-
nen in den schützenden Bereich der Kindheit zurück. Dahin konnte sie ihm nicht mehr folgen.

„Manchmal schenkst du uns was." Er stellte sich dumm.

Mit einem Male war ihr der ganze Abend zu viel; sie
sagte ihnen rasch gute Nacht. „Hört jetzt auf zu lesen —
es ist längst Schlafenszeit für euch."

Sie machte die Tür zu und ging hinunter. Wie sollte sie
das nur bis Mitternacht aushalten? Ich muß allein sein und
nachdenken. Ich muß ... also, was denn ... wenn ich ganz
langsam, Schritt für Schritt, zurückgehe, vielleicht be-
komme ich dann einigen Sinn in diese letzten Tage. Denn
irgendwie hatte es den Anschein, als sei ihr Leben in den
vergangenen Tagen unentwirrbar durcheinandergeraten,
etwa so, wie sich gelegentlich der Faden auf einer Spule
verheddert. Natürlich war das nicht erst in der letzten

Zeit geschehen, sondern im Grunde schon vor einer ganzen Reihe von Jahren oder noch früher, aber die Verwirrung wurde ihr mit einem Mal so klar (was auch ganz widersinnig klang, aber im Augenblick war alles widersinnig), daß sie einfach nicht länger zu übersehen war. Also, wie war das eigentlich ... Doch sie konnte jetzt nicht nachdenken. Katy war immer noch da, und diese paar Stunden mußten durchgestanden werden. „Komm, wir wollen uns was im Fernsehen anschauen", schlug sie vor, als sie wieder hinunterkam.

Katy gähnte, wie Barbara noch nie jemanden hatte gähnen sehen, und erklärte sich einverstanden.

Und dann rief zu ihrem Erstaunen am nächsten Morgen Margaret an. Mr. Perry ging ans Telefon. Barbara hörte ihn sagen: „Hallo, ja — du bist's, Margaret. Wie geht es?" Er kannte Margaret nicht, wußte aber nicht, ob er sie etwa doch kennen müßte; er zog sich stets so aus der Affaire, daß er höflich zu Barbaras Freunden war. „Wie es mir geht? Ach, ich bin müde ... Nein, nein, keineswegs krank — ich lasse es mir nur nicht nehmen, am Samstag müde zu sein ... Eine Sekunde, ich rufe Barbara ..."

Barbara war schon neben ihm. Er reichte ihr den Hörer und ging auf die Suche nach seiner Frau, die er schließlich unten in der Waschküche fand. „Hast du eigentlich mal wegen dieses Nebenanschlusses telefoniert?" fragte er.

Mrs. Perry schloß langsam die Augen, öffnete sie wieder und sah ihn hilflos an. „Ich verstehe mich selbst nicht, Hal. Ich habe es auf mindestens sechs kleinen Zetteln aufgeschrieben, und doch vergesse ich es immer wieder."

„Man muß sich nicht unbedingt mit Freud befaßt haben, um sich das zu deuten", meinte ihr Mann, fügte aber, um das Thema zu wechseln, rasch hinzu: „Ich werde einmal alle deine Zettelchen zusammensuchen und sie als Buch herausgeben: ,Die gesammelten Kritzeleien der Letitia Perry.' Na, wie klingt das?"

„Was wolltest du eben sagen?"

Er überlegte, ob er so tun sollte, als hätte er sie nicht verstanden, rückte dann aber mit seiner Meinung heraus.

„Ich wollte sagen, daß du und Barbara seit einiger Zeit immer wieder aneinandergeratet. Man kann dir daraus keinen Vorwurf machen, aber unbewußt möchtest du ihr das Telefon verweigern — als eine Art Strafe.“

„Das klingt reichlich hingedrechselt.“

„Ich kann mich auch irren“, meinte er zögernd.

„Selbstgebastelte Heimpsychiatrie“, murmelte sie vor sich hin, während sie die Kleider vom Trockenständer nahm und anfing, die Sachen, die unbedingt gebügelt werden mußten, von denen auszusortieren, bei denen sie sich das Bügeln später wahrscheinlich doch nicht ersparen konnte.

„Ich sagte ja, ich kann mich irren.“

„Ja, aber vermutlich irrst du dich eben nicht.“ Sie faltete ein Laken zusammen, hielt es von sich ab und sah träumerisch vor sich hin. „Weißt du noch, wie du mich, als wir jung waren, oft zornig gemacht hast mit deinen Behauptungen, die sich dann fast immer als richtig erwiesen? Wie zum Beispiel damals, als mir dieser Junge, der sich später auf Reptilienkunde spezialisierte, solchen Eindruck machte?“

„Ach ja, dieser Bursche“, meinte Hal und lächelte schwach. „Was taucht doch für eine Menge unerfreulicher Erinnerungen auf, wenn ich nur an ihn denke!“

„Ich sagte, du würdest deine Zeit vergeuden, und er sei doch wenigstens ein Spezialist. Und du meintest, ein Spezialist sei nur jemand, der nichts anderes richtig kann, und so war es dann auch. Er konnte weder tanzen noch sich unterhalten ... er konnte nur über Schlangen reden.“ Sie lächelte. „Du hast wirklich eine ganze Menge ertragen müssen.“

„Ich muß es immer noch“, versicherte er. „Im übrigen mag ich die Art nicht, wie du sagst ‚Als wir jung waren‘. Ich weiß nicht, wie es dir geht, aber ich bin noch nicht vierzig und auch noch nicht bereit, mich im Rollstuhl fahren zu lassen und mich sehnsüchtigen Erinnerungen an die Vergangenheit hinzugeben.“

„Ich meinte das ja auch nur im Vergleich zu Barbara. Du darfst das nicht vergessen. In Barbaras Alter erscheint einem jeder, der über zwanzig ist, schon sehr fortgeschritten, und was danach kommt ... später“, — sie runzelte die

Stirn und versuchte, sich zu erinnern — „mein Himmel, nein, später hat man nicht nur keine Gefühle, es ist geradezu anstößig, welche zu haben."

„Du wirst es mir wohl nachsehen, wenn ich mein Leben nicht nach dem Bild zu richten versuche, das sich eine Fünfzehnjährige davon macht?"

„Im Grunde gibt es überhaupt keine Möglichkeit, es ihnen recht zu machen. Ich würde es weiß Gott sonst um Barbaras willen tun — ich habe es ja schon versucht. Wir beide geben uns Mühe. Aber manchmal glaube ich wirklich, daß es immer auf das Verkehrte hinausläuft, ganz gleich, was man auch anstellt. Nur weil wir eben Eltern sind. Wir beide nehmen uns zusammen, die Strykers streiten sich unausgesetzt, die Lawsons reden kaum ein Wort miteinander und die Frosts benehmen sich, als seien sie immer noch in den Flitterwochen — aber ich sehe keinen Unterschied. Kinder verhalten sich, soweit ich es sehen kann, uns allen gegenüber vollkommen gleich."

„Das kann man nie genau sagen."

„Nein, natürlich nicht, aber ich unterhalte mich doch mit allen, mit den Frosts und den Strykers und den anderen, und ich bin bei ihnen allen zu Hause gewesen, wenn die Kinder auch da waren. Ich sehe keinen Unterschied. Bei allen spüre ich diese . . . so eine Art . . . Wachsamkeit. Als warteten sie nur darauf, daß wir sie mißverstehen oder irgend etwas falsch machen oder jedenfalls ihre Gefühle verletzen. Weißt du, Hal, sie . . . sie haben alle so etwas Rührendes in diesem Alter." Sie mochte es nicht in Worte fassen, daß ihr alle diese jungen Leute, die sie kannte, — Barbara und Jeff und Katy, — wie junge Tiere vorkamen, wie Kälbchen oder Rehkitze, die sich mühsam im Gleichgewicht hielten, voller Torheit, Anmut und Unnahbarkeit. Habe ich das Telefon wirklich mit Absicht vergessen? „Ich werde jetzt gleich wegen dieses Nebenanschlusses telefonieren", sagte sie laut.

„Na, dann kann ich ja noch etwas arbeiten."

„Geht's nicht gut voran, Lieber?" fragte sie.

Hal blickte unbehaglich drein. „Du redest wie Jane Carlyle, die sich nach den Fortschritten der ‚Französischen Revolution' erkundigt. Was ich schreibe, ist schließlich ein Geschichtsbuch für die sechste Klasse."

„Das ist mir klar", sagte sie ein wenig eingeschnappt. „Darf ich mich deshalb nicht danach erkundigen?"

„Nicht in diesem Ton", beharrte er, „nicht so, als handle es sich um ein bedeutendes Werk."

Letty ärgerte sich über seine Gereiztheit und ging die Treppe hinauf, ohne sich umzusehen, ob er ihr folgte. Das Buch langweilt ihn, dachte sie. Warum läßt er es nicht sein? Aber das konnte man natürlich nicht. Man wurde älter und die Zeit verging, da man noch nahezu uneingeschränkt wählen konnte, was man tun wollte.

Man merkte es kaum, wie die Zeit verging, und was Hal auch darüber sagte — ihrer beider Jugend war inzwischen zur Legende geworden. Und so war man eben dazu gezwungen, dieses Geschichtsbuch für die sechste Klasse fertigzuschreiben. Es hatte einmal eine Zeit gegeben, da war es Hal keineswegs unmöglich erschienen, ein zweiter Carlyle zu werden. Und ich war einmal in einer Schüleraufführung die Kleopatra von Shaw und träumte davon, auch Shakespeares Kleopatra vor einem Broadway-Publikum zu spielen. Ja, und jetzt träume ich davon, daß ich ein besseres Blumenarrangement fertigbringe als Anne Weber, obwohl das nie der Fall sein wird.

„Was für ein albernes Ideal", sagte sie laut, als sie mit Barbara in der Diele zusammentraf.

„Von wem redest du?"

Mrs. Perry überlegte einen Augenblick, ob sie die Geduld und das Interesse aufbringen könnte, ihr den Zusammenhang zu erklären. Sie stellte fest, daß dem nicht so war, und schüttelte nur den Kopf. „Ich habe laut mit mir selbst geredet. Ich werde jetzt gleich mal wegen des Nebenanschlusses telefonieren."

„Das ist nett von dir", meinte Barbara gemessen, und Mrs. Perry meinte einen Vorwurf herauszuhören.

„Mein Gott, Barbara! Es tut mir leid, daß ich nicht eher daran gedacht habe. Aber du weißt ja, wie sich immer alles häuft, und ich wollte es wirklich schon so oft tun. Ich habe es mir auf lauter kleine Zettel geschrieben . . ."

„Warum schreist du mich denn so an? Ich habe doch gar nichts gesagt."

„Ich habe dich nicht angeschrien. Ich schreie niemals."

„Vielleicht wäre es besser, du tätest es manchmal."

Sie will ja gar nicht ungezogen sein, sagte sich Letty Perry. Und ich habe angefangen. Aber was in aller Welt ist denn bloß los mit Barbara und mir? Wie zwei Katzen, die gezwungen sind, aus der gleichen Schüssel zu fressen, belauern wir uns, stellen unsere Schnurrbarthaare und machen einen Buckel — und zu mehr kommt es nicht. Vielleicht hat sie recht. Vielleicht wäre es besser, wir zeigten unsere Krallen und gingen aufeinander los. Doch alles, woran sie je geglaubt hatte, sträubte sich gegen die Vorstellung, sich mit einem Kind auf einen Kampf einzulassen. Aber Barbara ist ja kein Kind mehr, sagte ihr eine innere Stimme. Sie ist fast schon eine Frau. War es das also — die alte Feindschaft zwischen zwei Frauen, die unter einem Dache leben müssen?

Ach, das kann ich mir nicht denken, dachte sie und fuhr sich nervös übers Haar. Sie fühlte sich elend und den Tränen nahe. Nicht nur wegen Barbara und dieser gähnenden Kluft zwischen ihnen. Eine grenzenlose, namenlose Traurigkeit war in ihr. Sie hätte jetzt einfach über alles weinen können. Nachdem sie einmal tief Atem geholt hatte, sagte sie: „Schließlich hättest du es ja auch selbst machen können."

„Allerdings", meinte Barbara langsam. „Merkwürdig, daran hab ich gar nicht gedacht. Ich hab immer darauf gewartet, daß du es tust."

Und man muß sich nicht unbedingt mit Freud befaßt haben, um sich klarzumachen, warum, dachte Mrs. Perry. Sie griff nach dem Telefonhörer, fragte nach dem Fernmeldeamt und geriet an eine äußerst muntere Dame, der sie ohne Umschweife auseinandersetzte, daß sie einen Nebenanschluß im Bastelzimmer brauchte. „Es ist für meine Tochter...", sagte sie, „damit sie nicht immer vor uns telefonieren muß, und ich kann ihr, weiß Gott, nachfühlen, das sie das nicht mag."

„Ich auch", sagte die Telefonbeamtin. „Ich habe auch einen Anschluß für meinen Sohn einrichten müssen, und zwar — denken Sie bloß — in einem Kleiderschrank! Ich bin überzeugt davon, daß er eines Tages darin ersticken wird, aber er wollte es so haben."

„Sind sie nicht wundervoll?" Letty Perry mußte lachen.

„O ja. Ich bin zwar immer nahe dran, verrückt zu werden, aber ich finde sie wundervoll. Wieviele haben Sie denn?"

„Drei. Das heißt, meine beiden Söhne sind viel jünger, und ihnen wäre es egal, wenn das Telefon auf dem Rasenplatz vor dem Haus stünde. Aber auch ihre Zeit wird kommen. Wieviele haben Sie?"

„Ich habe nur einen Sohn, aber er ersetzt mir ein halbes Dutzend."

Barbara lehnte an der Wand und schüttelte den Kopf. Mutter muß eben ihren Spaß haben. Einen Augenblick lang sah sie aus, als wolle sie weinen, es war schrecklich, und ich war nahe dran, sie in die Arme zu nehmen. Und jetzt — bitte!

Im Sommer prangten sieben große Sonnenblumen im Garten der Perrys, und Barbara war überzeugt, daß sie über zwei Meter hoch waren. Sie hatten riesige gelbe Köpfe mit dunklen, ein wenig blütenstaubverschleierten Augen und große zerzauste Blätter; sie standen in einer Reihe wie sieben Frauen, die sich unterhalten, und wandten das Gesicht immer der Sonne zu. An diese Sonnenblumen mußte Barbara jetzt denken. Genau so ist Mutter — eine Sonnenblumen-Frau, die nickt, sich nach allen Seiten unterhält, sich nach der Sonne dreht und sich ebenso wenig dem Einfluß von Wind und Sonnenlicht entziehen kann wie die Sonnenblumen. Während sie auf das Ende des Telefongespräches wartete, dachte Barbara darüber nach, wie leicht es war, ihre Mutter von Ärger oder gar Kummer abzulenken — ein Wort genügte, gleichviel, ob es nun ein Freund oder ein Fremder aussprach. Man könnte sie für oberflächlich halten, und doch ist sie das ganz und gar nicht. Es ist etwas Stetiges in ihr, etwas sehr Starkes. Wie verträgt sich das nur damit, daß sie es einfach nicht fertigbringt, irgend jemanden nicht zu mögen oder längere Zeit ärgerlich oder unglücklich zu sein? Allen gelingt es, sich mit ihr anzufreunden, und sogar damals, als Richard so krank war, habe ich sie dabei ertappt, wie sie sich mit einer Schwester im Krankenhaus über Usambaraveilchen unterhielt, und zwar so, als interessiere es sie wirklich.

Barbara konnte sich an diese Begebenheit sehr gut erinnern. Sie war im Aufzug hinaufgefahren und dann durch die große Empfangshalle zu Richards Zimmer gegangen, und gerade vor seiner Tür hatten ihre Mutter und die Krankenschwester gestanden.

„Wissen Sie, was ich tue?" hatte ihre Mutter in diesem Augenblick gesagt. „Ich kam übrigens nicht von selbst darauf, irgend jemand hat es mir einmal erklärt: ich benutze immer das Wasser, das vom Teebrühen übrigbleibt — natürlich erst, wenn es abgekühlt ist —, und gieße das auf die Untersetzschale. Man sollte es nie über die Pflanze gießen. Wenigstens hat man es mir so gesagt, und meine gedeihen prächtig, vor allem, wenn man bedenkt, wie heikel Usambaraveilchen sind."

„Das will ich gleich einmal ausprobieren", hatte daraufhin die Schwester erwidert. „Die armen Dingerchen brauchen anscheinend doch eine andere Behandlung als bisher." Sie hatte sich zu Barbara umgedreht. „Da ist ja auch Ihre Tochter, Mrs. Perry. Ich muß weitermachen!" Und mit dem ganz besonderen, heiteren Ausdruck, den Mrs. Perry überall und bei allen Menschen hervorzurufen schien, war sie durch die Halle entschwunden.

„Mutter", hatte Barbara mit gepreßter Stimme gesagt, „wie kannst du nur hier herumstehen und über Blumen reden, wo Richard so krank da drin liegt? Wie kannst du nur?"

Einen Augenblick hatte es den Anschein, als wollte Mrs. Perry nichts darauf erwidern. Dann aber sagte sie: „Sie lebt ganz allein, und sie macht hier seit vierzig Jahren Dienst. Irgend jemand hat ihr einen Blumentopf geschenkt, und sie wollte einmal mit jemandem darüber reden." Sie hatte Barbara forschend angeblickt und gewartet, aber Barbara hatte darauf nichts zu sagen gewußt.

Ungeduldig hörte Barbara jetzt mit an, wie ihre Mutter sich mit der Telefonistin über die unreine Haut ihres Sohnes unterhielt. Aber im tiefsten und aufrichtigsten Teil ihres Wesens gab mit einem Male etwas nach und stellte fest: „Diese Frau — ob sie nun meine Mutter ist oder nicht, hat damit nichts zu tun — ist wahrhaftig voller Liebe. Und das muß etwas sehr Seltenes sein." Es war eine lükkenlose Erkenntnis, aber sie trat schnell wieder ins Dunkel zurück, wie eine Landschaft, die ein Blitzstrahl kurz erhellt hat.

„Mutter, um Himmels willen", flüsterte Barbara flehentlich. Mrs. Perry sagte noch ein paar Worte und hängte dann auf. „Wir sind einfach so ins Reden gekommen."

„Du kommst immer nur mal eben so ins Reden", meinte Barbara und fügte sofort hinzu: „Ich kann das nicht verstehen."

„Da ist auch nichts zu verstehen."

Barbara paßte diese Behauptung nicht, aber da sie nicht über ihre Mutter, sondern über sich selbst zu sprechen wünschte, ließ sie sie durchgehen. „Margaret Obemeyer hat mich für heute abend zu einer Party eingeladen", bemerkte sie leichthin.

„Ja? Wie nett!" sagte Mrs. Perry, und als habe ihr die Antwort etwas zu begeistert geklungen, fuhr sie rasch in gleichgültigem Ton fort: „Wirst du hingehen?"

„O Mutter", kicherte Barbara los, „natürlich gehe ich hin. Du hattest ganz recht, dich darüber zu freuen."

„Das weiß man bei dir nie so genau", murmelte Mrs. Perry. „Grüß bitte Mrs. Obemeyer von mir!"

„Kennst du sie denn?"

„O ja, sie ist Vorsitzende von fast allen Vereinen, die es überhaupt gibt." Sie selbst war noch nie irgendwie Vorsitzende gewesen, hauptsächlich darum nicht, weil der Gedanke sie erschreckte, vor eine Gruppe von Leuten hinzutreten und zu reden. Hal bezeichnete es immer als „Ichbezogenheit", aber ihr war es gleichgültig, wie er es nannte, solange sie es nur nicht zu tun brauchte. „Hab ich dir eigentlich schon erzählt", fing sie unvermittelt an. Sie vergaß, daß sie es sich selbst zur Regel gemacht hatte, ihrer Tochter gegenüber niemals ihre eigene Vergangenheit zu erwähnen. „Hab ich dir erzählt, daß ich in der Schule einmal die Kleopatra gespielt habe?"

„Ach, wirklich?" meinte Barbara verblüfft.

„Ja", erwiderte Mrs. Perry, erstaunt darüber, daß Barbara nicht sofort das Thema gewechselt hatte. „Ja, wirklich, und ich war begeistert, doch kurz darauf konnte ich plötzlich nicht einmal mehr vor der Klasse reden. Ich hatte eben meinen kurzen großen Augenblick gehabt, und der Rest war Schweigen. Na ja, nicht eigentlich Schweigen, ich rede ja zweifellos genug. Aber ich vergehe förmlich, wenn ich vor einem Publikum sprechen muß." Sie runzelte die Stirn. „Kannst du dir vorstellen, daß ich, als ich im College war, allen meinen Professoren zu Anfang des Jahres mitteilte, sie sollten mich keinesfalls in der Klasse aufrufen, weil ich einfach nicht antworten würde?"

„Nein, das wußte ich natürlich nicht", sagte Barbara, deren Interesse gegen ihren Willen erwachte. Im allgemeinen schätzte sie es gar nicht, wenn ihre Mutter sich in Erinnerungen erging. „Kamst du denn durch damit?"

„Wahrscheinlich legten sie nicht allzu großen Wert darauf, ob ich zu Wort kam oder nicht. Manchmal frage ich mich, ob es ihnen überhaupt darauf ankam, daß wir etwas lernten. Ich kann mich natürlich irren. Ich hoffe nur, daß du später nicht das Pech hast, in ein College zu geraten, wo die einzelnen Klassen so fürchterlich überfüllt sind."

„Ich soll doch auf Vaters College gehen?"

„Aber nein", entgegnete ihre Mutter entschieden, „davon war nie die Rede. Sein College ist eine entsetzliche Mühle."

„Warum gibt Vater dann da Unterricht?"

Mrs. Perry seufzte. „Ja, warum eigentlich? Wahrscheinlich, weil er nun einmal dort als Lehrer angefangen hat. Vielleicht gibt es auch eine bessere Antwort; uns ist sie jedenfalls nicht eingefallen. Man gerät in ein Gleis, denkt, es sei nur für kurze Zeit, und hofft, daß man bald wieder herauskommt und etwas Neues findet. Und dann stellt man mit einem Male fest, daß dieses Gleis zu tief eingefahren ist, und daß man nie mehr herauskommen kann."

Nein, dachte Barbara, nein, ich will nichts davon hören. Ich will einfach nicht wissen, wie düster und traurig es manchmal in dir aussieht. Ich will nichts von deinen Enttäuschungen wissen und von Vaters Versagen. Das alles ist eure Sache, ich will nichts davon wissen . . .

„Was ziehst du denn heute abend an?" fragte ihre Mutter, und der Ton ihrer Stimme war so heiter, so voller Wärme, daß Barbara, die eben noch mißtrauisch gewesen war, sich mit einem Male entspannte und aufatmete. Sie hatte sich also nur eingebildet, Sehnsucht oder Enttäuschung in der Stimme ihrer Mutter zu hören. Mutter war eine heitere und glückliche Natur, sie war von einem fast bedenkenlosen Optimismus, und man hätte sie auch gar nicht anders haben wollen, oder, was auf dasselbe hinauslief, man konnte sie sich überhaupt nicht anders vorstellen.

„Mein dunkelblaues Wollkleid vielleicht, was meinst du?"

„Ja, das Dunkelblaue ist genau richtig."

Sie sahen sich lange an, und beide spürten, wie vieles noch zu sagen gewesen wäre. Etwa: Wie kommt es nur, daß sie dich plötzlich einlädt, Liebling? Sag doch einmal, daß du glücklich darüber bist, laß mich doch an deiner Freude teilnehmen. Und: Mutter, das Ganze ist wie ein Traum, der in Erfüllung geht. Ich bin ganz außer mir vor Glück und auch vor Angst, denn dies ist sicher ein Wendepunkt in meinem Leben.

Beide kämpften einen Augenblick mit sich, ob sie ihrem Wunsch nachgeben sollten. Barbara wußte nicht, was das richtige war. Aber dann kam Andrew herein, und der Augenblick war für immer dahin.

„Ich glaube kaum, daß du Lust hast, mit uns einen Schneemann zu bauen?" wandte sich Andrew an seine Schwester. Er schien es gar nicht als Frage zu meinen.

„Aber ja", erwiderte Barbara rasch. Ja, ja, alles, was du willst.

Aber als sie hinaufging, um sich für das Schneemannbauen umzuziehen, lächelte sie ihrer Mutter zu, als wollte sie ihr zu erkennen geben, wie sehr sie es bedauerte, daß wieder eine Gelegenheit verloren war, einander zu verstehen. Mrs. Perry erwiderte ihr Lächeln, aber Barbara war nicht imstande, die Botschaft — wenn es überhaupt eine solche enthielt — zu lesen.

Na gut, aber ich will nicht darüber nachdenken, ermahnte sie sich, während sie sich eilig umzog. Ich will auch nicht über heute abend nachdenken! Und dennoch überlegte sie, wie es wohl sein würde. Ich bin noch nie auf einer Party gewesen! Sie fühlte sich für einen Augenblick von Selbstmitleid überwältigt. Ich war schon auf Geburtstagseinladungen, auf Schulbällen und auf kirchlichen Veranstaltungen, aber noch nie auf einer richtigen kleinen Party unter Gleichaltrigen, mit denen man sich prächtig versteht. Es gab eine ganze Reihe Gruppen in der

Schule, aber keine interessierte sie so sehr wie diese. Wie war das Wunder nur geschehen? Hatte etwa Mrs. Howard ihre Finger im Spiel? War es wieder nur ein rein alphabetischer Zufall? Man hätte sie ja sofort nach dem Weihnachtssingen fallen lassen und vergessen können. Irgend etwas muß ich getan haben, irgendwie muß ich ihnen sympathisch erschienen sein, als jemand, den sie gern näher kennenlernen wollen. War es ihre Version von Vaters Erzählung über Hector, was die anderen für sie eingenommen hatte? Nein, es mußte irgend etwas gewesen sein, was aus ihr selber kam. Sie hatte mit ihnen gesungen, sie hatte mit ihnen zusammen lachend und vergnügt in der Küche gesessen, und die anderen hatten festgestellt, daß hier jemand war, der zu ihnen gehören, der ihre Geheimnisse und ihre Geheimzeichen, ihre ungebändigten Einfälle und ihre schweifende Melancholie, den besonderen Sinn ihrer Jahre, mit ihnen teilen sollte. Ich werde von jetzt an dabei und Teil eines Ganzen sein. Doch plötzlich tauchte wieder die Vorstellung in ihr auf, wie sie vernachlässigt, allein, schweigsam bei Margaret Obemeyer in einer Ecke sitzen, die Party sich im bunten Wirbel um sie herum bewegen und sich gelegentlich ein mitleidiger oder erstaunter Blick in ihre Richtung stehlen würde. „Diese langweilige Nudel da in der Ecke? Das ist Barbara Perry. Die sieht immer aus, als hätte sie gerade jemanden im Keller vergraben. Nein, sie ist bei niemand recht beliebt, diese Barbara Perry." Sie setzte sich hin, preßte die Hände gegen ihre Wangen und die Knie dicht zusammen. Ruhig, ruhig, es ist ja nur eine Party. Du mußt ja nicht einmal hingehen, wenn du nicht willst. Aber natürlich willst du! Und wenn du schweigend in einer Ecke sitzen solltest, dann eben deshalb, weil du wirklich in dieser Ecke sitzen und nicht reden willst. Sie lächelte unsicher.

Hast du nicht gesagt, daß du nicht mehr darüber nachdenken willst? Gestern abend wolltest du nachdenken und hast es nicht getan. Und heute sagst du, du willst nicht, und dann tust du es doch . . . War es denn nicht möglich, ihre Gedanken an die Zügel zu nehmen? Sie gehörten doch ihr, diese Gedanken, warum gelang es ihr also nicht, sie in Schach zu halten? Sie erinnerte sich mit einem Mal an Katys Ausspruch, daß in unserem Bewußtsein vor allem der Teil wichtig sei, der alle Botschaften an den übrigen Menschen weitergab. „Diesem Teil gibt man heute Glutamin-Präparate", hatte Katy erklärt. „Dabei — wenn er zu viele Botschaften aussendet, so wachsen sie einem über den Kopf. Mir geht es so, und es ist mein Ruin, aber ich habe kein Mittel dagegen."

„Ich erhalte immer die Botschaft, einfach zu vergessen", hatte Barbara erwidert.

„Was zu vergessen?"

„Ach — alles."

Barbara mußte ganz ernsthaft und eindringlich an diesen Teil ihres Bewußtseins denken, der sie jetzt enttäuschte, indem er nach allen Richtungen hin die Botschaft ihrer Niederlage aussendete.

„Du bist eben die Pechliese aus Pechstadt", funkte dieser Teil ihres Bewußtseins, aber ihre ganze übrige Person setzte sich zur Wehr und rebellierte.

Ich werde von jetzt an irgendwo dazugehören und mein eigenes Leben beginnen, sagte sie zu ihrem Bewußtsein, also entweder machst du mit, oder du läßt mich in Ruhe!

Sie fühlte förmlich, wie sie sich entspannte, wie etwas in ihr mit einem Male nachgab — etwas, das sie in der Kindheit festhalten wollte, das Angst davor hatte, den deutlich begrenzten Bereich der Familie zu verlassen. Unendlich viele neue Bereiche tun sich draußen auf, dachte sie. Natürlich kann man später einmal zurückkehren, aber man muß wissen, daß es andere Bereiche gibt, man muß sich vorwagen, muß sie finden und darf keine Angst haben.

Im Innersten erregt, ein wenig im Gefühl, Märtyrer ihres eigenen Entschlusses zu sein, stand sie auf und ging hinunter, um ihren Brüdern beim Bau eines Schneemannes zu helfen.

Andrew und Richard, die noch Kinder waren und wohlgeborgen im Bereich der Familie lebten, konnten an ihrer Schwester keine Veränderung feststellen. Sie konnten nicht erkennen, daß Barbara mit einem Male frei und imstande war, in diesem Bereich ein- und auszugehen, eine weitere Tür zu durchschreiten und zurückzukommen. Sie konnten nicht wissen, daß Barbara eine Reise angetreten hatte, die erst nach jener letzten Tür, die Tod hieß, ihr Ende finden würde. Aber jene Tür war so weit weg, daß man nicht an sie zu denken brauchte. Vor langer Zeit, als Barbara sich noch so unbekümmert ihren Spielen hingegeben hatte wie ihre Brüder jetzt, war diese Tür manchmal beängstigend nah erschienen — nah und bedrohlich weit geöffnet, so daß Barbara nachts ihren Vater gerufen hatte, und er war auch immer gekommen. Ob wohl Andrew und Richard, die niemals an Alpträumen litten, diese offene Tür auf eine andere Weise wortlos wahrnahmen? Ob auch sie sahen, wie Menschen, die sie liebten, durch diese Tür für immer verschwanden? Barbara schauderte ein wenig, als sie daran dachte, und dann vergaß sie es.

„Der Schnee läßt sich ja gar nicht ballen", sagte sie und preßte eine Handvoll zusammen, aber er zerfiel in ihrem Fausthandschuh zu trockenen Krümeln.

Ihre Brüder blickten sie vorwurfsvoll an, als hätte sie mit ihren Worten die Aufmerksamkeit auf irgendeinen Charakterfehler von Mutter Natur gelenkt. Beide wandten sich ab und versuchten, den Schnee mit beiden Armen zu einem Wall zusammenzufegen. Sie klopften, stampften und versuchten, den kleinen Hügel abzustützen, aber er fiel zusammen. Sie schleppten neuen Schnee herbei und begannen von vorn. Barbara schlug vor, den Hügel mit Wasser zu begießen, und ging in die Küche, um einen großen Topf voll zu holen, aber unter dem Guß sank der aufgehäufte Schnee zusammen, und oben bildete sich eine graue Lache. Sie mußten also in einen anderen Teil des Gärtchens umziehen. Die Buben waren wie gewöhnlich viel zu beschäftigt, um darauf zu achten, ob Barbara mitkam.

Weil sie nichts anderes zu tun fand, ging sie langsam hinter ihnen her, aber sie machte keinen Versuch mehr, ihnen zu helfen. „Warum habt ihr eigentlich gewollt, daß ich mitkomme?" fragte sie Andrew nach einer Weile.

„Ich dachte, es macht dir vielleicht Spaß", sagte er und fügte dann höflich hinzu: „Wir haben dich gern dabei."

Barbara lächelte. „Nett von euch. Übrigens scheint der Schnee hier besser zu sein." Vielleicht kam es daher, daß sie jetzt in einem schattigen Teil des Gartens waren. Es war kalt, aber Andrew und Richard schafften glückstrahlend, mit knallroten Backen und unbekümmert tropfenden Nasen.

„Wir wollen mal einen Schneehasen machen", schlug Richard vor.

Der Gedanke schien Andrew verlockend. „Aber die Ohren!" wandte er zweifelnd ein.

„Ihr könnt doch umgelegte Ohren machen", sagte Barbara. „Und für den Schnurrbart könnten wir ein paar Strohhalme aus dem Gartenbesen herausziehen." Ein einziger Blick des Entzückens aus zwei Augenpaaren belohnte sie für ihren Einfall.

„Das wird prima, Barby", meinte Andrew. Es war töricht, aber Barbara war beglückt und stolz, während sie ihnen zusah. Sie brachten ein zwar ziemlich formloses Gebilde zustande, das sich aber durch vereinte Anstrengung bald in einen Hasen verwandeln würde. Wenigstens für sie, dachte Barbara. Sie kniete an einem Ende des länglichen Hügels und mühte sich ab, so etwas wie ein Hasenschwänzchen zu formen.

So sah sie Randy Lawson, der eben vorüberfuhr. Der Anblick gefiel ihm so gut, daß er anhielt und das Fenster herunterdrehte, obgleich er schon mehr als hundertmal an diesem Haus vorbeigefahren war, ohne auch nur daran zu denken, daß Barbara Perry hier wohnte.

„Wird das ein Schneemann?" rief er.

„Ein Schneehase!" erklärte Barbara ein wenig verwirrt, scheu und zitternd vor Glück. Insgeheim pries sie Andrew aus tiefstem Herzen dafür, daß er sie — wenn auch ein wenig beiläufig — in den Garten eingeladen hatte. Randy wäre vorbeigefahren wie sonst auch, wenn Andrew mich

nicht zufällig gebeten hätte, ihnen zu helfen, und ich nicht
zufällig ja gesagt hätte.

„Schneehase?" fragte Randy und fuhr sich mit der Hand
über sein kurzgestutztes blondes Haar. „Seit wann gibt
es das?"

„Seit heute", meinte Andrew sachlich.

Randy lachte, zögerte, und fragte dann: „Kann ich
helfen?" Es klang, als sei er über seine eigene Frage erstaunt.

„Nein, danke", meinte Richard.

Aber Barbara — sie wußte selbst nicht, woher ihr
die Weisheit in diesem Augenblick kam — lächelte nur,
und Randy stieg aus. Selbstsicher, mit lockeren, gewandten
Bewegungen kam er durch das Gartentor auf sie zu und
wandte sich an Richard. „Darf ich wenigstens zuschauen?"

Richard nickte. „Es ist nämlich gar nicht leicht", erklärte
er.

„Ich kann's mir denken. Was habt ihr denn mit den
Ohren vor?"

Bei dieser intelligenten Frage streckten Andrew und Richard die Waffen, und zu viert machten sie sich nun an
die Arbeit, als hätten sie ihr Leben lang zusammen Schneehasen gebaut.

„Sagt mal", meinte Randy plötzlich, „wo ist denn euer
Onkel?"

„Irgendwo auf der Straße. Er versucht immer noch,
sich zurückzuverwandeln", murmelte Barbara und zitierte
wiederum ihren Vater, aber das brauchte Randy ja nicht
zu wissen. Sein Blick ruhte anerkennend auf ihr, er schien
ganz von ihren Worten gefangen. Vielleicht nicht nur
von den Worten, dachte Barbara, und es wurde ihr ein
wenig schwindelig dabei. Oh, ich kann das nicht ertragen, dieses Glück, diese Seligkeit ...

„Onkel?" wollte Richard wissen, „was für ein Onkel
denn?"

„Er meint Hector", erklärte Barbara.

„Hector?" wiederholte Richard verständnislos.

Andrew hingegen fing an zu kichern. „Onkel Hector."
Er sah Randy an. „Er ist verzaubert, mußt du wissen. Er
ist nämlich ein Polizeihund, seit er seine Wette mit der
Hexe über ... über ..."

„Verwandlungen", half Barbara weiter.

„Ja — Verwandlungen — verloren hat."

„Wie sieht er denn in Wirklichkeit aus?" wollte Randy wissen.

„Weißt du", meinte Andrew in gespieltem Ernst, „wir haben ihn nie gesehen, wie er wirklich ist, aber Daddy sagt, er ist ein langer Bursche mit zottigem Haar. Stimmt's, Barbara?"

Barbara nickte. Onkel Hector ist ein langer Kerl mit zottigem Haar, aber ich bin ein Mädchen, das Randy gefällt... Ach, Andrew, Richard, ich will nie, nie mehr unfreundlich zu euch sein...

„Er ist ganz bestimmt ein Detektiv", meinte Randy. Die beiden Jungen barsten fast vor Vergnügen, und genau diesen Augenblick benutzte Hector und kam um eine Ecke des Hauses auf sie zu.

Als Mr. Perry aus dem ehemaligen Nähzimmer hinaussah, entdeckte er seine drei Kinder, einen blonden Jungen und Hector in einem Wirbel von Gelächter und Gebell. Irgend etwas an dieser kleinen Gruppe mutete ihn so heiter und strahlend an, daß er sich hinauslehnte, die Ellbogen aufs Fensterbrett gestützt, und zuschaute, wie man einem Theaterstück zuschaut. Er hörte, wie das Lachen allmählich verebbte, sah, wie sie alle zum Schneemann zurückkehrten — einen seltsameren Schneemann meinte er noch nie gesehen zu haben —, und überlegte, wer wohl der blonde Junge war. Hübscher Kerl — und er interessierte sich ganz offensichtlich für Barbara... Mit sonderbar leichtem Herzen ging er wieder an seine Arbeit.

Als seine Frau nach oben kam, um Wäsche in den Schrank zu legen, rief er ihr zu: „Wie wär's mit einer Tasse Kaffee, Mrs. Carlyle?"

„Habe ich recht gehört?" fragte sie und blieb auf der Schwelle stehen.

„Kaffee?"

„Carlyle."

Er lachte. „Na, wer weiß? Vielleicht werde ich nächstes Jahr ein Geschichtsbuch für die achte Klasse und dann für die zwölfte schreiben, und ehe wir's uns versehen, schreibe ich womöglich für ganz erwachsene Leute. Solche wie du."

Sie schnitt eine Grimasse. „Gleich kommt dein Kaffee, Thomas Carlyle. Weißt du übrigens, daß Barbara heute abend zu einer Party eingeladen ist?"

„Für Barbara hat die Party schon begonnen", meinte Mr. Perry und warf noch einen Blick aus dem Fenster.

Mrs. Perry sah gleichfalls hinaus. „Das ist Randy Lawson."

„Ach."

„Was heißt ‚ach'?"

„‚Ach' heißt: wer ist Randy Lawson?"

„Sein Vater ist Rechtsanwalt."

„Ach ja, natürlich! George Lawson. Er gehört zum Elternbeirat der Schule. Sieht etwas magenleidend aus. Und kennt die Schwächen seiner Mitmenschen sehr genau."

„Eben der."

„Carlyle nennt einmal einen Mann mit guter Verdauung einen ‚Magenstarken'. Zu schade, daß man solche Wörter heute nicht mehr verwenden kann."

„Warum tust du's denn nicht?" fragte sie. „Ich würde es tun."

„Man würde es nicht mehr verstehen. ‚Sieh, wie die großen Worte niedergehen', hat irgend jemand gesagt. Ich war's zwar nicht."

„Ich finde nicht, daß ‚magenstark' ein großes Wort ist."

„Du bist mäkelig. Wie steht's mit dem Kaffee?"

Er hatte mit großer Wärme gesprochen, und als Mrs. Perry hinunterging, um sich um seinen Kaffee zu kümmern, glaubte sie den Grund dafür zu wissen. Weil Barbara mit einem netten Jungen lachte, weil es Hal — obgleich er nie etwas darüber sagte — Kummer machte, daß sie womöglich nicht beliebt, nicht glücklich war. Und nun, da einige seiner Befürchtungen von diesem freundlichen Bild im Garten ausgelöscht worden waren, brachte er es sogar über sich, über Carlyle und sich selbst zu witzeln.

Theoretisch verachtete Hal das, was er ‚Beziehungen' nannte, die ‚Gleichgesinnten', die Gruppe, nach der man seinen Ehrgeiz bemaß, seine Anschauungen ausrichtete, seine Persönlichkeit abstimmte.

„Diese Angst, nicht so zu sein wie andere, wird immer schlimmer", pflegte er zu sagen. „Vom Kindergarten an preßt man uns schon in eine ganz bestimmte Form. Das harmonische, das gutmütige Kind ist es, das wir schätzen, und wo es sich einmal nicht ausgeglichen zeigt, da beschneiden wir und propfen auf und stutzen und zupfen so lange an ihm herum, bis es mindestens angepaßt erscheint. Und dabei gehen seine natürlichen Instinkte zum Teufel. Was für eine langweilige Menschheit werden diese ‚harmonischen Geschöpfe‘ einmal abgeben!"

Während sie sich im Wohnzimmer hinsetzten, meinte Mrs. Perry: „Nett für Barbara, daß sie einmal von diesem Kreis eingeladen worden ist." Und als er nichts antwortete, fügte sie hinzu: „Gerade diese Beziehungen sind so wichtig für sie."

Hal wies, den Pfeifenkopf in der Hand, mit dem Pfeifenstiel auf seine Frau — eine Angewohnheit, die sie ungeheuer aufbrachte, obgleich sie es nie ausgesprochen hatte. Vor sehr langer Zeit schon hatte Letty Perry bei sich entschieden, daß die besten Männer — und Hal konnte man ganz gewiß zu den besten rechnen — gewisse Angewohnheiten hatten, die eine Ehefrau zum Wahnsinn treiben konnten — falls sie das zuließ —, und daß es nur eine Lösung des Problems gab: solche Angewohnheiten hinzunehmen, wie schließlich auch die eigenen Gewohnheiten schweigend hingenommen wurden. Dennoch dachte sie, den Blick fest auf den Pfeifenstiel geheftet: Ich habe immer das Gefühl, als nähme man mich hoch.

„Glaube ja nicht", entgegnete er, „daß ich nicht den falschen Unterton aus deiner Bemerkung herausgehört hätte. Ich habe nichts zu meiner Verteidigung zu sagen — oder doch: Barbara ist eine Gefangene. Sie will von dieser Gruppe, diesem ‚Kreis‘ akzeptiert werden, sie will sich einfügen. Barbara kann einfach nicht glücklich sein, solange sie nicht in gewisser Weise angepaßt ist, und mir scheint, daß Glück eine dem Menschen notwendige und bekömmliche Sache ist. Was würde es Barbara nützen, wenn sie ganz für sich bliebe, und das nur, weil man sie zurückweist, weil man sie nicht mag? Ich bedaure tief, daß die Menschen immer mehr zu Herdentieren ausarten. Natürlich möchte ich nicht, daß meine Tochter sozusagen ein verlorenes Schaf ist, das nur darauf wartet, in die Herde aufgenommen zu werden. Wenn sie sich wenigstens aus freien Stücken zu ihnen gesellte... Andrew wird wahrscheinlich nie zur Herde gehören — weil ihn niemals danach verlangen wird."

Mit der Pfeife zwischen den Zähnen fuhr er fort: „Aber ich will mich nicht weiter mit dieser Angelegenheit befassen. Junge Leute müssen ihren Weg gehen und sehen, wie sie zurecht kommen. Wir tun für sie, was wir können, aber das Wesentliche müssen doch sie selbst leisten, genau wie es bei uns war." Er steckte die Pfeife in den Pfeifenständer und blickte seine Frau nachdenklich an. „Es würde wohl kaum etwas nützen, sie darauf aufmerksam zu machen, daß sie niemals glücklich sein, niemals zu irgendeinem Kreis gehören wird, wenn sie nicht aufhört, ausschließlich und unausgesetzt an sich selbst zu denken?"

„Du hast das schon öfter gesagt."

„Aber nur angedeutet!"

„Mit fast denselben Worten", erwiderte sie unerbittlich.

Er rückte in seinem Sessel hin und her, trank seinen Kaffee aus und meinte schließlich, er sollte wohl noch etwas arbeiten.

„Gut..." sie hätte beinahe gesagt, ‚Mr. Carlyle'. „Ich würde mir wegen Barbara keine Sorgen machen. Sie wird schon durchkommen."

„Gewiß", er zögerte noch einen Augenblick am Treppenaufgang. „Warum forderst du sie nicht auf, diesen Jungen hereinzubringen? Setze ihnen Kakao vor oder sonstwas."

Letty sah ihren Mann zärtlich an. „Ich warte erst mal ab, wozu sie sich entschließt."

„Ja, natürlich, das ist sicher das beste." Aber er ging noch immer nicht. „Denkst du nicht auch manchmal, daß die Rolle der Eltern einfach zu schwierig ist?"

„Ja, schon. Aber nun ist es zu spät, sie abzulehnen."

„Eben", meinte er und stieg die Treppe hinauf.

Richard hatte sich Strohhalme aus dem Gartenbesen für den Schnurrbart des Hasen besorgt, zwei Backpflaumen für die Augen und eine Mohrrübe für die Nase. In diesem Aufputz wirkte der Schneehase ungemein gelungen. Sie umschritten ihn und betrachteten ihn von allen Seiten.

„Ein unübertrefflicher Hase", meinte Randy, „ganz gleich, von wo aus man ihn ansieht."

Andrew und Richard nickten mit der kritischen Zustimmung der Urheber, Barbara in vollkommener Nachgiebigkeit. Denn es gab keinen Zweifel: sie hatte sich in Randy verliebt, und es war kaum zu fassen, daß sie ihn noch gestern mit Max und Jeff in einem Atemzug genannt hatte. Wenn sie nun darüber nachdachte, war sie davon überzeugt, daß sie Randy ganz bewußt ausgewählt hatte, um sich besonders mit ihm zu beschäftigen. Und zwar schon an dem Abend, als sie zusammen Weihnachtslieder gesungen hatten. Randy war es gewesen, den sie am meisten beachtete, Randy bildete den strahlenden Mittelpunkt in der Küche, an Randy hatte sie am nächsten Tag gedacht. Wenn sie auch einmal an Jeff und Max gedacht hatte — nun ja, sie waren mit dabei gewesen... Man konnte keinen Menschen einfach aus seinen Gedanken ausschließen, sagte sie sich, machte sich aber klar, daß sie gerade das fast immer tat. Und lange vorher, schon vor dem Weihnachtssingen, hatte sie Randy in der Schule bemerkt, war er ihr durch seine Größe, seinen leichten Gang, sein unbekümmertes Lachen aufgefallen. Sie hatte sich... nein, sie hatte sich nicht nach seiner Freundschaft gesehnt, weil er ihr unerreichbar schien. Genau so gut hätte sie nach einem Stern greifen können, dachte sie. In ihrem Bedürfnis, sich rasch über ihre Gefühle klar zu werden, nahm sie zu diesem abgedroschenen Bilde Zuflucht.

Und nun war er da und schenkte ihr sein wundervolles Lächeln. Er schien gar keine Eile zu haben, lachte mit den Jungen, zauste Hector das Fell und schaute immer wieder rasch zu ihr hinüber, und ihre Blicke trafen sich. Sie spürte, wie sie unter diesen Blicken ganz lebendig wurde, wie sie förmlich vor Lebendigkeit zu strahlen anfing, wie ihre Wimpern länger wurden, ihre Stimme einen seidigen Klang bekam, ihre Bewegungen voller Anmut waren. Ich werde den heutigen Tag nie vergessen, dachte sie. Nie! Wie hieß es in dem Vers, den ihr Vater immer zitierte: „Ich kam zur Welt, und einmal ist genug." Nein, für mich ist einmal nicht genug. Ich wurde geboren, und heute werde ich wieder geboren. Ich bin verliebt, und warum habe ich nur nicht gewußt, daß es so sein würde? Daß mein ganzes Leben auf diesen Augenblick hinführte, zu diesem Lebendigsein — zur Liebe? Sie spürte ihren eigenen Pulsschlag wie das Sprudeln einer frischen Quelle, die im Geheimen aufgebrochen war.

Mit einem Male sah Randy nachdrücklich auf die Uhr an seinem Handgelenk. „Ich muß weiter", meinte er.

Ach nein, nein! Das darfst du nicht. „Bleib doch zu einer Tasse Schokolade. Natürlich nur, wenn du Zeit hast." War das wirklich ihre eigene Stimme, die den Aufruhr in ihrem Innern hinter solcher Überlegenheit verbarg?

Er zögerte. „Ja, ich habe Zeit. Das wäre fein."

Randy Lawson kommt also mit mir in unser Haus, wir werden beieinander sitzen und Schokolade trinken, und wir werden uns etwas zu sagen haben und zusammensein. Ach, wenn nur die Jungen draußenblieben, wenn nur Vater oder Mutter zu tun oder wenigstens die Eingebung hätten, sich irgendwie zu beschäftigen!

Als sie in die Küche kamen, hörte sie die Stimme ihrer Mutter am Telefon: „... ich weiß nicht, süße Kartoffeln gelingen mir einfach nicht, immer schwimmt zuletzt ein ungenießbares Zeug im Wasser herum ... bei Ihnen auch? Ja, und Auberginen — jede Hausfrau muß sich irgendwann einmal mit dieser Frucht auseinandersetzen ... Jemand hat mir gesagt, man könne aus Zitronenkernen Zitronenbäume ziehen, aber irgendwie vergesse ich es stets, wenn ich Zitronen auspresse ..."

O Mutter! dachte Barbara verzweifelt, mußt du gerade jetzt diese Unterhaltung führen? „Komm, gib mir deine Jacke", sagte sie mit überlauter Stimme, „ich hänge sie in den Garderobenschrank."

„Nicht nötig", meinte Randy, „die kann hier hängen." Er legte sie über eine Stuhllehne, und Barbaras Hochgefühl schwand ein wenig dahin. Hätte sie seine Jacke in den Schrank gehängt, so hätte das seinem Besuch — so kurz er auch sein mochte — etwas mehr Dauer gegeben. Aber sie konnte ja nicht darauf bestehen.

„So, ich muß jetzt Schluß machen", sagte Mrs. Perry gerade. „Aber bitte, lassen Sie mich wissen, wie Sie es mit dem Azaleentopf anfangen... Ja, natürlich... Wiedersehen." Lächelnd trat sie in die Küche. Eigentlich sieht sie ganz hübsch aus, fand Barbara. Wenn nur nicht diese ewigen Erörterungen über Ableger und Blumentöpfe wären...

„Mutter, das ist Randy Lawson", sagte sie. „Er hat uns ein bißchen beim Schneehasen geholfen!"

„Schneehase?" staunte Mrs. Perry. „Den muß ich mir gleich mal ansehen. Wie geht's, Randy?"

„Großartig, Mrs. Perry." Er streckte ihr seine große Hand entgegen und schüttelte die ihre kräftig.

„Und deinen Eltern?"

„Alles in Ordnung", antwortete er kurz. „Wissen Sie, Sie müßten sich mit meiner Tante Constance zusammentun. Bei ihr gibt's 'ne ganze Plantage von diesen Auberginen. Um ehrlich zu sein — ich finde, sie sehen aus wie lauter kleine Kahlköpfe, die man in Töpfe gesteckt hat."

„Ich habe gerade eben mit deiner Tante gesprochen", sagte Mrs. Perry. Als sie Barbaras verständnislosen Ausdruck bemerkte, fügte sie erklärend hinzu: „Mrs. Frost."

„Ach, das ist deine Tante?" meinte Barbara zu Randy. „Das wußte ich gar nicht."

Randy schien nicht recht zu wissen, was er darauf antworten sollte. Er lächelte und nickte und wandte sich dann wieder zu Mrs. Perry. „Hat sie Ihnen jemals erzählt, wie sie den fünfundvierzigjährigen Kaktus von der Reinigungsanstalt gekauft hat? Na ja, er stand da im Schaufenster, und sie ist ganz verrückt auf Kaktusse... Kakteen...?"

„Mich mußt du nicht fragen", meinte Letty Perry, und Barbara runzelte leicht die Stirn.

„Kurzum, sie ist verrückt nach allem, was Kaktus heißt", wich Randy aus. „Sie war auch schon seit langem hinter diesem Burschen von der Reinigungsanstalt her, aber es war nicht ganz leicht, ihn zu überreden. Sie sagt, er hätte sich benommen, als wolle sie ihm sein eigenes Kind abhandeln, aber schließlich gab er nach. Onkel George meint, sie hätte einen großen Teil von New Mexiko für das Geld kaufen können, das sie ihm dafür bezahlt hat — aber sie wollte eben diesen Kaktus und keinen anderen."

„Und wie geht's ihm jetzt?" fragte Mrs. Perry teilnahmsvoll.

Randy schüttelte nur den Kopf. „Er ging innerhalb einer Woche ein. Wir haben nie herausbekommen, warum — vielleicht war das arme Ding zu sehr an die Dämpfe der Chemikalien gewöhnt. ,Um Himmels willen, Tante Constance', habe ich zu ihr gesagt, weil sie ihm so nachtrauerte, ,jetzt tust du wirklich, als wär's ein Kind gewesen.' Aber darauf bekam ich keine Antwort."

„Die Aufzucht von Zimmerpflanzen ist ein herzzereißendes Unterfangen", gab Mrs. Perry zu. „Niemand, der es nicht selbst versucht hat, kann da mitreden ... Ich hab' mal einen ganzen Winter damit zugebracht, einen Gummibaum gesundzupflegen, und dabei ist mir beinahe mein eigener eingegangen."

„Was war denn los damit?" fragte er artig.

„Irgendwie im Wachstum gestört — eine kranke kleine Pflanze."

Barbara lauschte dem fachmännischen Gespräch verwirrt und bestürzt. Randy war genau so freundlich zu ihrer Mutter, wie er es zu ihr gewesen war. Darauf also läuft alles hinaus, dachte sie bitter — Freundlichkeit. In ihren Gefühlen von einem Extrem zum anderen gerissen, unfähig, sich in die Balance zu bringen, spürte sie, wie sie vor lauter Verzweiflung innerlich gefror. Sie wollte keine Freundlichkeit von Randy. Sie wollte ... Nein, sie würde nicht sagen, was sie eigentlich wollte.

Sie ließ alle Hoffnung fahren und sagte mit gepreßter Stimme: „Ich wollte Randy gerade eine Tasse Kakao machen."

Mrs. Perry warf einen scharfen Blick zu ihrer Tochter hinüber. „Glänzende Idee — Kakao ist gerade das richtige an solch einem Tag wie heute. Wollt ihr nicht ins Bastelzimmer hinuntergehen? Ich wollte ohnehin gerade hier staubsaugen, und ihr mögt ja sicher nicht mitten in solchem Durcheinander sitzen." Klar wie ein Telegrammtext schien ihre Stimme eine Mahnung zu übermitteln: *Barbara, du benimmst dich schlecht, nimm dich zusammen!* „Ich schau mal rasch draußen nach, was die Jungen da zustande gebracht haben."

Es schien Barbara, als könnte sie nie etwas richtig machen, als lägen alle ihre Kräfte wie Strandgut verstreut in ihrem Leben herum. Aber sie machte einen angestrengten Versuch, sie zu sammeln. „Wir haben alle daran gebaut", sagte sie, und der Ton ihrer Stimme klang schon etwas munterer. „Wir vier haben den Hasen gemacht, nicht nur die Jungen." War es besser so? Ihre Mutter nickte und schien es zu bestätigen. Randy hatte wohl nichts von allem bemerkt. Warum sollte er auch? Er hatte ja nicht wie sie sein ganzes Gefühl in dieser einen Morgenstunde verausgabt, und so war er auch ganz ungefährdet. Verstrickt in den Wirrwarr ihrer Empfindungen, spürte sie undeutlich, aber beschämend, daß sie zu viel Gefühl aufgewandt hatte. Sie öffnete den Eisschrank und wäre am liebsten für ein paar Augenblicke hineingekrochen — so lange, bis wenigstens die Glut in ihren Wangen und im Nacken etwas nachgelassen hatte. Mit unsicheren Händen ergriff sie eine Milchflasche und dachte: Wenn die Liebe so ist, dann lasse ich's, glaube ich, lieber bleiben. In diesem Augenblick hörte sie Randy sagen: „Au fein, wir kriegen einen dicken Kakao!"

Während sie zu ergründen suchte, was er damit wohl meinte, vergaß Barbara sich selbst. „Dicken Kakao?" gab sie zurück.

Randy lehnte am Abwaschtisch. Sein Blick schien in die Vergangenheit zurückzuwandern. „Es ist... so 'ne Familienredensart —" Er unterbrach sich, und da er schwieg, glaubte sie, er hätte sich anders besonnen und keine Lust mehr, es zu erklären. Aber er fuhr ein wenig zerstreut fort: „Als ich klein war, — wir lebten damals auf dem Lande — habe ich mal die Söhne des Pfarrers zum Kakao eingeladen. Und so ist die Redensart entstanden. Als meine Mutter ihn mit Milch kochte, sagte einer der Jungen: *,Meine* Mutter macht immer ganz *mageren* Kakao!' Mit Wasser, weißt du", erklärte er „Ich muß immer noch daran denken, es ist irgendwie traurig."

Da sie nun diese frühe Traurigkeit, diese Erinnerung mit ihm teilte, kam Barbara allmählich wieder zur Ruhe. Sie tat Geschirr und Löffel auf ein Tablett, ergriff es mit nun etwas festeren Händen und ermahnte sich: Ich darf einfach nicht mehr so . . . so kopflos sein. Für einen Augenblick vergaß sie Randy und betrachtete sich selbst wie von außen her. Sie hatte ja noch ein so langes Leben vor sich, noch so viel Gelegenheit, Fehler auszugleichen — es ließ sich wohl nicht vermeiden, immer wieder neue zu machen. Ja, ein ganzes Leben lag noch vor ihr. Das Stück Leben, das hinter ihr lag, war nun einmal falsch angepackt worden — auf freundliche und weniger freundliche Weise. Und nicht nur von ihren Eltern, gab sie zu, obgleich sie bisher immer dazu geneigt hatte, ihnen die Schuld für alles, was ihr mißlang, zuzuschieben, und die Erfolge — wenn es welche gab — für sich in Anspruch zu nehmen. Wichtig war jetzt einzig und allein, daß dieses Leben hinter ihr lag. Von heute an wird alles ganz anders. Heute ist ein neuer Anfang!

Wie eine Flut kehrten Mut und hochgespannte Hoffnungen zurück. Gleichzeitig aber erkannte sie bestürzt: Wenn ich so weitermache, werde ich keine zwanzig Jahre alt — das Übermaß meiner Gefühlsregungen wird mich zugrunde richten, ehe ein Jahr herum ist.

„Ich glaube, die Milch braucht nicht zu kochen", meinte Randy und drehte das Gas unter dem Topf ab.

Barbara fuhr hoch: „Du meine Güte!"

„Nichts passiert! Ich hab's ja noch rechtzeitig erwischt. Komm, ich trage das Tablett, und du zeigst mir den Weg in den Keller."

„Ins Bastelzimmer", verbesserte sie automatisch.

„Bei uns zu Hause hat er auch einen sehr feinen Namen — aber irgendwie bleibt er doch ein schlichter Keller. Lassen wir's dabei."

Er ergriff das Tablett und warf auf dem Weg nach unten einen Blick ins Wohnzimmer. „Ist das dein Vater?" fragte er leise. „Ich möchte nicht gern ohne ein Wort vorbeigehen."

Barbara blickte verdrießlich ins Zimmer. Sie hatte nicht gehört, daß ihr Vater heruntergekommen war. Aber er saß in seinem Lehnstuhl und las nicht einmal. Man konnte also nicht annehmen, daß er irgendwie beschäftigt war und ungestört sein wollte. Er saß ganz einfach da, mit gerunzelter Stirn und in die Ferne gerichtetem Blick. Als er sie kommen hörte, sah er auf und erhob sich.

Also blieb nichts anderes übrig, als hineinzugehen. Barbara ging voran. „Dad, das ist Randy Lawson."

Randy verbeugte sich leicht, starrte auf das Tablett in seinen Händen, setzte es auf einen Stapel Zeitungen auf dem Tisch ab, so daß Tassen und Löffel ein wenig ins Schlittern kamen, und streckte ihm die Hand entgegen. „Guten Tag, Mr. Perry. Wie geht es Ihnen?"

„Danke, ausgezeichnet. Ihr trinkt Kakao? — Ich trinke nie welchen", fügte er rasch hinzu, als er merkte, daß es klang, als wollte er mittrinken.

Aber Barbara war längst darüber hinaus, mit Randy allein sein zu wollen, und Randy schien bereit, seinen Kakao überall zu sich zu nehmen. Oder vielleicht auch gar nicht. Es schien fast, als nährte er sich vom Reden. Es minderte übrigens nicht seinen Wert, tat seinem Charme keinen Abbruch. Ihr Vater fand ja auch, daß das Gespräch eine der größten Gaben der Menschheit sei. „Nicht die Fähigkeit zu sprechen, versteh' mich recht, sondern die Kunst der Unterhaltung." Randy hatte weder Bedeutendes noch Tiefsinniges von sich gegeben, aber sein Vergnügen am Reden hatte etwas Anziehendes, und daß er sich so bereitwillig und unbefangen mit ihren Eltern unterhielt, hatte sogar eine beruhigende und erwärmende Wirkung auf Barbara.

Jetzt saß er da, seinen Kakao neben sich, und sprach mit ihrem Vater über Bücher. Ich hatte wieder einmal unrecht, dachte Barbara ... Ich war unhöflich und unbeholfen ... Fieberhaft überlegte sie, ob Randy ihre Versuche, ihn von ihrer Familie fernzuhalten, um mit ihm allein zu sein, bemerkt hatte. Vielleicht war er sogar tief erleichtert gewesen, als er ihren Vater hier entdeckte und davor bewahrt blieb, eine Viertelstunde oder noch länger mit ihr allein im Bastelzimmer zu verbringen? Barbara drängte die Tränen zurück. Das Gefühl der Demütigung zog ihr Inneres zusammen. Ich hätte sagen sollen: ‚Komm, trinken wir eine Tasse Schokolade mit meinen Eltern.' Ich hätte die Jungen dazuholen sollen. Und Hector. Und vielleicht hätte ich sogar noch die Schildkröte und die Fische im Aquarium dazu überreden können, dabei zu sein. Ich hätte sagen sollen: Komm nur rein, aber fürchte nicht, auch nur eine Sekunde allein mit mir gefangen zu sein.

Zu spät, zu spät!

Jetzt wird er natürlich fortgehen und denken, daß ich eine sehr reizende Familie habe und daß ich ein gefühlsduseliges und leicht durchschaubares Geschöpf bin ... Ach, ich wünschte, ich wäre tot, dachte sie und vergaß, daß sie gerade erst angefangen hatte zu leben.

„Na ja, aber einige dieser Schriftsteller", sagte Randy gerade, „sind ... ja, ich weiß nicht, ... man kriegt sie nicht zu fassen ... Verstehen Sie, was ich meine? Hardy, ja. Der Bursche gehört doch zu den ganz Großen, und man kann ihn lesen. Man kriegt mit, was er sagt. Aber dieser Kafka ..." Randy hob die Schultern und spreizte hilflos die Finger — „ich habe diese Sache da — ‚Das Schloß' — gelesen und wiedergelesen, und ich habe mir immer wieder gesagt: Das ist doch eine Sprache, die ich verstehe, es ·sind lauter Wörter, die ich kenne, aber zusammengenommen ergeben sie keinen Sinn."

Mr. Perry lächelte. „Ich habe da so eine Theorie. Einige Schriftsteller — es müssen nicht unbedingt die größten sein, obwohl es aber auch für viele von ihnen gilt — fordern vom Leser, daß er im gleichen schöpferischen Geist liest, wie sie geschrieben haben." Randy beugte sich vor und stützte die Ellbogen auf die Knie, und Mr. Perry fuhr glücklich fort: „Also, nimm einmal einen Mann wie Hardy. Hardy kann man fast passiv, das heißt ohne Anstrengung lesen, weil er einem alle Arbeit abnimmt. Es ist großartige, fein empfundene Literatur, aber sie fordert einzig und allein deine Anteilnahme heraus. Ein Mann wie Kafka jedoch, der verwirrend erscheint, oder wie Dostojewski, der nur scheinbar geradezu ist, verlangt von dir, daß du beim Lesen mitarbeitest, daß du die Dinge mit ihm erfindest, sie entwickelst und mit ihnen ringst, fast ebenso angestrengt, wie er es beim Schreiben seines Buches tat. Verstehst du, was ich meine?"

„Ja", meinte Randy nachdenklich. „Ja, ich verstehe. So wie Sie es sagen, ist es wirklich interessant."

„Es ist schon besser gesagt worden", erwiderte Mr. Perry, „aber das Wesentliche, was ich meine, kommt schon zum Ausdruck. Vergiß nicht, deinen Kakao zu trinken, er wird sonst kalt." Er sah fragend zu Barbara hinüber und machte eine Bewegung, als wolle er aufstehen und weggehen, aber schon wandte sich Randy wieder an ihn. „Das ist ein nettes Zimmer", sagte er. „Es sieht so verwohnt... Oh, Entschuldigung..."

Barbara lachte ein wenig zittrig, als Mr. Perry Randy hastig versicherte, daß niemand seine Worte übelnahm, und dann blickten sie sich alle drei ganz gelassen in dem Zimmer um, das Barbara stets so kahl, so dürftig und farblos erschienen war. „Es sieht eben aus wie eines, in dem man sich ständig aufhält", meinte sie dann mit ausdrucksloser Stimme.

„Ja, ja, das ungefähr wollte ich sagen", stimmte ihr Randy zu. Wenn sie miteinander sprachen, klang ein schroffer Unterton mit, den Barbara sehr belebend fand. Mochte Randy weggehen, das Loblied ihrer Familie und ihres be- oder auch verwohnten Wohnzimmers singen und nie wiederkommen, oder doch jedenfalls nicht ihretwegen, sondern um sich mit ihrem Vater über schöpferisches Lesen zu unterhalten — jedenfalls würde er sie nicht als geistloses Geschöpf in Erinnerung behalten, das armselig und stumm in einer Sofaecke über der Enttäuschung brütete, daß sie ihn nicht für sich allein gehabt hatte. Sie saß ein wenig steif da, mit einem schiefen Lächeln auf den Lippen, und versuchte, ihm zu zeigen, wie gleichgültig er ihr war.

Plötzlich ging die Hintertür auf, und die Jungen stürmten herein. „Mutter ist drüben bei Ellen Murray", erklärte Andrew, während er sich mit heftiger Anstrengung aus seiner Jacke herauszuwinden suchte und den Schnee an seinen Stiefeln kräftig auf dem Dielenteppich abtrat. Er blickte Barbara an. „Sie sagte, wir sollten dich und Randy nicht stören."

„Ich glaube, wir haben da bald ein Loch im Fußboden, um einen Zitronenbaum einzupflanzen", sagte Barbara und wies auf den Teppich. Oder um sich darin zu verkriechen, fügte sie in Gedanken hinzu. Ihr Gesicht war flammend rot geworden. Aber ihr Vater und Randy lachten über ihren Ausspruch, und sie war ihnen dankbar dafür, obgleich sie sicher nicht verstehen würden, warum. Menschen wie Randy und ihr Vater gerieten eben nicht in eine solche Isolierung und brauchten nicht darauf zu warten, daß ihnen jemand wieder heraushalf. Sie waren immer ganz auf der Erde, auch wenn sie nicht immer wußten, wohin ihre Füße sie tragen würden. Aber sie schwankten doch wenigstens nicht von einer Seite zur anderen, verirrten sich nicht einmal in diese und dann wieder in eine andere Richtung, um zuguterletzt gegen eine Wand anzurennen oder sich in einem Netz zu verfangen.

Sie erinnerte sich, wie sie einmal versucht hatte, ihrem Vater zu erklären, daß sie eigentlich immer erstaunt sei, wenn jemand, der versprochen hatte, sich mit ihr zu treffen oder sie anzurufen, es dann wirklich auch tat.

„Wie meinst du das?" hatte er aufmerksam gefragt.

„Nun ja ... wenn ich mich mit irgend jemanden in der Stadt verabredet habe oder jemand versprochen hat, mich abzuholen ... dann bin ich immer irgendwie überrascht, wenn es tatsächlich geschieht. Habe ich das denn nicht gesagt?" fügte sie hinzu. Sie hatte ihm nicht gesagt, wie sie bei solchen Gelegenheiten geradezu Panik überfiel. Sie konnte es nicht sagen, es klang so verdreht, so falsch — sogar in ihren eigenen Ohren.

Ihr Vater hatte mit trauriger Stimme erwidert, daß sie das allerdings gesagt hätte. „Es hat mich nur so überrascht. Weißt du eigentlich, warum du stets dieses Gefühl hast?"

Barbara hatte den Kopf geschüttelt. „Vielleicht, weil ich annehme, daß man mich einfach vergißt. Hast du auch manchmal dieses Gefühl?" hatte sie ihn dann gefragt.

„Nein. Niemals. Ich glaube daran, daß man mich abholt oder anruft, wenn es so verabredet ist."

„Und wenn es nicht geschieht?"

„Dann würde ich denken, daß irgend etwas dazwischen gekommen ist. Ich käme nicht auf den Gedanken, daß man mich vergessen hat." Er hatte dann noch etwas hinzugefügt, aber sie war so in ihre Ängste und Sorgen versunken, daß sie nicht recht zugehört hatte.

Jetzt mußte sie daran denken, und es wurde ihr klar, daß sie damals den letzten Versuch gemacht hatte, sich mit ihrem Vater in einer ganz vertrauten, persönlichen

Art zu unterhalten. Es war fast zwei Jahre her. Er war nicht schuld daran. Und auch sie war nicht schuld daran. Doch mit einem Male fielen ihr all seine Versuche ein, alle seine so ritterlichen Angebote, ihr zu helfen, als hätte sie bis zu diesem Augenblick niemals darauf geachtet. Sie hatte sie zurückgewiesen, beiseitegeschoben, als hätte sie gar nichts von allem begriffen. Und ihr fiel auch ein, wie oft ihre Mutter bei irgendeinem unbedachten Wort, einer unüberlegten Gebärde den Kopf hob, zum Sprechen ansetzte, im letzten Augenblick an sich hielt und zurückschrak, als hätte sie etwas gewarnt. Gebe ich ihnen diese Warnung? Habe ich so viele Tafeln errichtet mit der Aufschrift „Betreten verboten!", daß man mich schließlich meiner Isolierung, meiner Verbannung überlassen hat ... daß mich niemand mehr besucht, niemand mehr einlädt, niemand mehr kennt?

„Barbara, du starrst schon wieder", sagte Andrew beunruhigt. „Guck doch richtig!"

Sie blinzelte. „Wohin soll ich denn gucken?"

„Was weiß ich. Du sollst nur nicht so glasige Augen machen. Ich habe dir's doch schon öfter gesagt."

„Das passiert uns allen mal gelegentlich", meinte Mr. Perry nachsichtig. „Was macht denn eure Mutter drüben bei Murrays?"

„Ellens verlobter Mann hat ihr einen Ring geschenkt", berichtete Richard. Das klang wundervoll offiziell, und Barbara bemerkte, wie Randy ihren Bruder belustigt anschaute. Sie wollte die Sache nicht verderben und verschwieg also, welche Mühe ihn das Wort „Bräutigam" gekostet hatte, bis er schließlich auf diesen viel netteren Ausdruck verfiel. „Ellen meinte, es sei allmählich an der Zeit, und man brauche ein Vergrößerungsglas, um den Ring zu sehen, aber Mutter solle doch einmal hinüber kommen und ihn anschauen."

„Hat Ellen das gesagt?" fragte Mr. Perry entsetzt.

Richard nickte, und Andrew ergänzte: „Sie hat es über die Straße herübergeschrien, und sie sagte auch, sie würde doch wohl lieber auf die Handelsschule gehen. Da ist Mutter rüber gegangen, um den Ring anzusehen. Haben sie denn ein Vergrößerungsglas?"

„O ihr Götter", murmelte Mr. Perry. „Was so alles

ausgesprochen wird! Daß die Menschen wagen, so etwas auszusprechen!"

„Es ist schon ziemlich toll", stimmte Randy zu.

„Vor ein paar Wochen war sie so verrückt nach ihm, daß sie kaum zu überreden war, bis nach dem Examen zu warten", meinte Barbara. „Aber man hat es ihr schließlich ausgeredet. Das heißt, man hat sie überredet zu warten."

„Es ist abstoßend", sagte Mr. Perry, ohne sich an jemand Bestimmten zu wenden. „Es ist nicht tragisch, denn dazu spielt sich das alles auf einem viel zu geringen Niveau ab. Aber man macht heute eine jämmerliche Farce aus der Liebe, wenn man die Angst vor dem Alleinsein oder den Wunsch wegzukommen oder noch eine ganze Reihe anderer Dinge mit der Liebe verwechselt. Alle diese Dinge haben keinerlei Beziehung zu dem unendlich Schönen, das die Liebe zu vollbringen imstande ist."

Bestürzt blickte Barbara zu Randy hinüber. Wie würde er das aufnehmen? An jedem anderen Tag wäre sie vor Verlegenheit zu Eis erstarrt, wenn sich ihr Vater vor einem ihrer Altersgenossen in dieser Weise geäußert hätte. Sie hatte ja selbst nicht gewagt herauszubringen, wie andere über diese Dinge dachten. Und nun saß Randy da und nahm nicht nur jedes Wort ihres Vaters begierig auf, sondern schien sogar darauf zu warten, noch mehr zu hören. Verhielt man sich nur den Vätern anderer gegenüber so? Zeigte sich Randy an den Darlegungen seines eigenen Vaters wohl auch so interessiert? Damals, abends im Wagen, hatte er mit seinem Vater kaum ein Wort gesprochen, und es hatte nicht so ausgesehen, als fühle sich Randy sehr behaglich. Wenn ich mich mit Mr. Lawson unterhielte, würde sich dann auch dieses gegenseitige Erkennen, dieses Gefühl von Vertrautheit einstellen? Sie hielt es kaum für möglich. Es ist eben Dads besondere Wirkung auf Menschen, sagte sie sich. Er hat irgend etwas, auf das andere Menschen sofort ansprechen. Du solltest dankbar sein, daß du einen solchen Mann um dich hast, redete sie sich zu. Nun ja, ich bin auch dankbar. Und auch für meine Mutter und meine Brüder. Sie sind alle ganz ungewöhnliche Menschen, und ich bin ja dankbar. Als sie in ihren Gedanken so weit gekommen war, spürte sie den gleichen Groll in sich wie immer.

Und das an dem Tage, da sie beschlossen hatte, erwachsen zu werden! Ach, es war hoffnungslos. Sie wünschte, Randy, der jetzt mit Richard über Fische redete, würde endlich heimgehen. Sie wünschte, er hätte nie vor ihrem Haus angehalten, wäre nie in diese Stadt gekommen, wäre überhaupt nie geboren worden!

Aber er blieb länger als eine Stunde, und in dieser Zeit machte er sich mit dem ganzen Haus vertraut wie eine Katze, die sich genau an dem Ort umsieht, wo sie zu bleiben gedenkt. Er redete mit den Jungen, er unterhielt sich mit ihrem Vater. Ihre Mutter kam zurück, und er redete auch mit ihr.

„Fabelhaft!" brach es aus Barbara heraus, als er gegangen war. „Mit allen hat er sich unterhalten, sogar mit der Schildkröte, nur nicht mit mir." Sie war mit ihren Eltern allein im Wohnzimmer, und sie war so ärgerlich, daß alle Zurückhaltung, die sie während der letzten drei Jahre in sich aufgespeichert hatte, von ihr abfiel.

„Vielleicht hättest du dich mit ihm unterhalten sollen?" meinte ihr Vater, der mit seiner Pfeife beschäftigt war und nicht aufsah.

„Zu Hause hat er wohl wenig Gelegenheit, sich zu unterhalten", erklärte Mrs. Perry. „Er ist ein Einzelkind, und seine Eltern reden ja kaum miteinander. Die Möglichkeit, sich einmal auszusprechen ..."

„Er hat in der Schule genügend Zeit zu reden, und er hat eine ganze Menge Freunde", unterbrach Barbara sie schroff.

„O sicher, ich meinte mehr das Gespräch im Familienkreis ... oder so etwas ähnliches", erwiderte Mrs. Perry tastend und äußerst vorsichtig.

„Müßt ihr eigentlich immer so voller Verständnis sein?" Barbara schrie es förmlich heraus. Sie konnte ihre eigene schrille Stimme hören und war nicht imstande, sich zu unterbrechen. Sie hatte den Damm, den sie selbst errichtet hatte, für einen Augenblick ohne Aufsicht gelassen, und nun brach alles zusammen, die Wogen stürzten herein. „Hört mich doch einmal an, ihr beiden ... ich werde jetzt erwachsen! Versteht ihr? Ihr habt doch immer so viel Verständnis, versucht doch einmal, *das* zu verstehen! Ich bin zu einer Party eingeladen, und das sind Leute, die mir wichtig sind, auch wenn Vater sie eine Clique nennt. Und ich habe heute eine ganze Menge nachgedacht, und ich bin kein Kind mehr, begreift ihr das?" Sie hielt inne, keuchend, tief beschämt und wütend zugleich. „Nun *sagt* doch irgend etwas!"

„Schweig!" sagte Mr. Perry nur.

Barbara war die Treppe hinaufgelaufen. Ihre Eltern saßen eine Zeitlang schweigend da und blickten sich nachdenklich an.

„Warst du nicht ein bißchen heftig?" sagte Mrs. Perry schließlich.

„Ich finde, daß ich mich sehr zurückgehalten habe." Er zog die Augenbrauen hoch und atmete geräuschvoll aus. „Na ja, vielleicht war ich ein bißchen heftig. Aber mir fiel tatsächlich keine andere Erwiderung ein. Sie war ja auf dem besten Wege, sich hysterisch zu überschlagen. Im nächsten Augenblick würde sie etwas so Unsinniges gesagt haben, daß sie vor lauter Scham wochenlang kein Wort mehr mit uns geredet hätte."

„Vielleicht wäre es besser gewesen, wenn sie sich einmal allen Kummer von der Seele geredet hätte."

„Es tut mir leid, wenn ich es falsch gemacht habe. Aber ich halte es nicht für richtig — nicht einmal für eine wirkliche Erleichterung, wenn man jemand herausplatzen und ihn Dinge sagen läßt, die er später bitterlich bereut. Das Mädchen macht es sich schon jetzt schwer genug. Warum soll sie sich noch mehr Ärger aufladen, der immer entsteht, wenn einer aus purem Zorn den Mund nicht halten kann?" Er griff nach seiner Pfeife. „Meiner Meinung nach —"

„Wenn du mit diesem Ding noch einmal auf mich zielst", unterbrach ihn Mrs. Perry, „dann schlage ich es dir aus der Hand."

„Was?"

„Ich sagte, daß es unerträglich ist, wenn du deine Sätze mit diesem Ding da unterstreichst und es jedesmal wie einen Revolver auf mich richtest."

„Gut, gut — auch das . . .“ Er legte die Pfeife auf das Gestell zurück und kratzte sich den Schädel.

Ein langes Schweigen senkte sich herab. Dann begannen beide gleichzeitig zu sprechen, stockten, fingen noch einmal an, lachten nervös. „Sprich du zuerst“, konnte er schließlich einwerfen.

„Nein, nein. Ich weiß auch gar nicht mehr, was ich sagen wollte. Irgend etwas über Barbara wahrscheinlich. Oder über das Leben. Sie sagt, sie werde nun erwachsen. Was brachte sie wohl darauf, uns das zu sagen? Ich meine, warum verfiel sie gerade heute darauf?“

Er schüttelte den Kopf. „Ich weiß es auch nicht. Vielleicht hat es etwas mit diesem jungen Mann zu tun. Oder mit der Party, zu der sie eingeladen ist. Ich wollte, ich hätte das Wort ‚Clique‘ nicht gebraucht. Aber schließlich hätte ich gern eine ganze Menge Dinge nicht gesagt oder getan. Vermutlich würde ich sogar eine ganze Menge davon gar nicht als meine eigenen Worte und Taten wiedererkennen. Nun, wenn es das nicht gewesen wäre, dann wär's eben etwas anderes gewesen. Das gehört alles zum menschlichen Recht auf Irr—“

Er wollte den Gedanken fortspinnen, aber Mrs. Perry unterbrach ihn wieder: „Warum gerade heute?“

„Es ist wahrscheinlich wie ein Geschwür, das reif wird“, fing er an.

„Mußt du unbedingt so unappetitliche Vergleiche anstellen?“ fuhr sie auf.

Ihr Mann blickte zur Decke hinauf. „Tut mir leid“, murmelte er. Nach erneutem unbehaglichem Schweigen redete er weiter: „Da ist nun der Stein ins Wasser geplumpst, und nun kommen die Kringel. Es bleibt nichts anderes übrig, als mitzudümpeln und darauf zu vertrauen, daß man den Kopf über Wasser halten kann.“

„Verzeih, Hal —“, sagte sie.

„Allmählich wird das Leben, so scheint es, zu einer einzigen langen Entschuldigung“, bemerkte er. Das Telefon läutete. „Laß es läuten!“

Letty Perry ging zum Apparat und nahm den Hörer ab. „Hallo . . . Ach, Katy, du bist's . . . Wie geht es denn? . . . Ja, ich rufe sie gleich.“ Sie sah sich um — wie jemand, der den Notausstieg entdeckt hat, dachte ihr Mann —, ging zur Treppe und rief: „Barbara!... Jemand möchte dich sprechen... ich meine, Katy fragt am Telefon nach dir."

Lange Pause. Endlich antwortete Barbaras Stimme: „Sag ihr bitte, ich käme in einer Sekunde." Wieder eine Pause, dann: „Dankeschön!"

„Wann wird denn der Nebenanschluß endlich gelegt?" „Montag."

„Montag, so. Ich hoffe, wir werden die Zeit bis dahin lebend überstehen." Er stand auf. „Ich werde wohl ein bißchen runtergehen und schnitzen. Die Holzschnitzerei wollte ich schon immer anfangen, und so gut wie jetzt hat es selten gepaßt."

Sie wollten gerade in entgegengesetzten Richtungen davongehen, als Barbara die Treppe herunterkam. Sie hatte gerötete Augen, schien aber gefaßt zu sein. Sie hielt die Eltern mit einer fast gebieterischen Handbewegung auf: „Könnt ihr noch einen Augenblick warten? Ich hätte euch gern etwas gesagt."

Ohne einander anzusehen, setzten sich Mr. und Mrs. Perry wieder auf die Stühle und warteten, wie Barbara gebeten hatte.

„Katy?", sagte Barbara, „ich hab' gar keine Z—... heute abend? Nein, tut mir leid... ich kann unmöglich. Nein, nicht deshalb... Also wenn du es genau wissen willst: ich kann nicht, weil Margaret mich zu einer Party eingeladen hat und... Ja, so wie ich es jetzt sage, klingt es sicher ganz dumm, aber wenn du danach fragst: also ich begreife nicht, wie das möglich war, daß sie... Ja, schön. In Ordnung... aber sicher, wir sehen uns morgen... Ja doch. Tschüs, Wiederhören!"

Sie legte den Hörer auf, wandte sich zu ihren Eltern um, holte tief Luft und sagte: „Bitte verzeiht mir mein Betragen vorhin."

Mr. Perry meinte: „Ich habe gerade zu deiner Mutter gesagt, daß wir in eine Lebensphase einzutreten scheinen, die wir später einmal als unsere zweiten Flegeljahre bezeichnen werden." Mit einem Seitenblick erfaßte er den strengen Ausdruck im Gesicht seiner Frau. Er zog die Schultern ein wenig hoch. „Schlechter Tag heute. Humor kommt nicht mehr recht an, wie?"

„Am mangelnden guten Willen liegt es nicht", sagte Mrs. Perry.

„Was habe ich bloß angerichtet —", sagte Barbara. „Jetzt seid sogar ihr noch böse aufeinander, alles meinetwegen —"

„Übertreibe nur nicht", erwiderte Mr. Perry. „Deine Mutter und ich bringen auch ganz allein eine bemerkenswerte Szene zustande. Fremde Hilfe ist dazu nicht erforderlich."

Barbara gab keine Antwort. Ihre Mutter sagte zu sich selbst, jedoch deutlich vernehmbar: „Widerborst! So widerborstig, wie er nur sein kann!"

Wieder läutete das Telefon.

Diesmal sprang Mr. Perry auf die Füße. „Dieses Malefizding ist nur erfunden worden, um die menschliche Seele zu versuchen. Ich gehe jetzt spazieren." Er verließ rasch das Zimmer. Seine Frau warf einen Blick auf Barbara und ging ebenfalls hinaus. Sie wollte in ihrem Zimmer lesen. Wenn ich es fertigbringe, dachte sie, wenn dieses Schädelbrummen endlich aufhört...

„Hallo?" sagte Barbara. „Oh, Randy..." Ihre Stimme wurde sanft. Wahrscheinlich hat er etwas vergessen, dachte sie, sein Halstuch liegen lassen oder... „Na, wo brennt's denn?"

„Wieso?... Och —" Er schien richtig betreten zu sein, woraus sie schloß, daß ihr Ton wohl schärfer gewesen war, als sie beabsichtigt hatte.

„Es war nicht so streng gemeint, wie es klang", sagte sie rasch, „ich habe gerade... ach, ich schlage mich mit den französischen Aufgaben herum. Französisch stimmt mich immer kampflustig." Alles Schwindel, dachte sie. Französisch war ihr Lieblingsfach. Warum mußte es nun so schmählich herhalten? Ob allen Menschen eine Lüge so leicht von den Lippen geht, oder nur mir?

Randy lachte. „Du machst an Weihnachten Schularbeiten?"

„Nein, nein, nicht richtige Schularbeiten", verbesserte sie sich hastig, „bloß ein paar Sachen, die ich fertigmachen wollte." Sie war kein Streber, das sollte er nicht glauben.

„Ich hatte mir einen Augenblick eingebildet, wir wären gleichgesinnte Geister", hörte sie ihn sagen, und nun fühlte sie sich regelrecht niedergeschlagen. Ließ sich das auf irgendeine Weise wieder zurechtbiegen? „Ich ertappe mich auch manchmal ohne den geringsten Anlaß bei lateinischen Deklinationen", plauderte Randy weiter, „oder ich lese Vergil, nur so zum Spaß. Komisch, nicht?"

Aber ich versuche ja gleichfalls, französische Bücher zu lesen, auch nur zum Spaß, dachte Barbara düster. Doch nun fühlte sie sich außerstande, ihm das anzuvertrauen, ihm eine Liebhaberei zu gestehen, die sie mit ihm teilte, ohne sich selbst als Lügnerin zu entlarven. Nein, so ging es nicht — keinesfalls. Vielleicht andersherum: „Mit Büchern ist es bei mir genau so", sagte sie ein wenig atemlos. „Bloß die. Grammatik fällt mir schwer." Das war wieder nicht wahr, sie hatte keine Schwierigkeiten mit der Grammatik. Aber irgend etwas mußte man schon drangeben, um aus dieser Zwickmühle heil wieder herauszukommen.

Doch Randy ging nicht weiter auf das Thema ein. Glaubte er ihr nicht mehr? War es ihm gar nicht so wichtig, ob sie nun gleichgesinnte Geister waren oder nicht?

„Wie steht's denn nun?" hörte sie ihn fragen.

Wie steht was? dachte sie verzweifelt. „Bitte verzeih, Randy", murmelte sie, „ich habe dich eben nicht verstanden . . . weißt du, Hector hat sich gerade in der Telefonschnur verfangen, als du sprachst." Nahm das denn gar kein Ende? Morgen, sagte sie zu sich selbst, morgen werde ich anfangen, — ach was, in dem Augenblick, wenn ich den Hörer auflege, werde ich Ernst machen. Ich werde nichts, überhaupt nichts sagen, aber — zum Glück ließ sie den Gedanken fahren und schnappte gerade noch seine Frage auf, ob es ihr recht sei, wenn er vorbeikäme und sie zur Party mitnähme.

Ob es mir recht ist? dachte sie und trieb auf einer Woge von Glück dahin. Ahnt er denn, welche Glückseligkeit er austeilen kann? Begreift er —

„Na, wie ist's nun?", fragte er nochmals. „Mein Gott, Barbara, eine Unterhaltung mit dir ist wahrhaftig ein hartes Stück Arbeit." Er hatte es nicht unfreundlich gesagt, aber der Satz machte sie alles andere als glücklich.

„Sicher, sicher, Randy! Wahnsinnig gern!" Und weil sie es nun doch für besser hielt, ihre Freude nicht gar zu deutlich zu zeigen, fügte sie hinzu: „Das wäre sehr nett."

Als sie den Hörer aufgelegt hatte, überlegte sie, woher Randy wußte, daß sie zur Party ging. Wahrscheinlich hatte er mit Margaret gesprochen. Oder mit Connie Frost, seiner Cousine. Wie drollig, dachte sie, daß ich nichts von Randys Verwandtschaft mit Connie gewußt habe. Ich habe weder davon etwas gewußt, noch von Katys Absicht, Medizin zu studieren, noch von Mutters Bekanntschaft mit Mrs. Obemeyer. Auch Mr. Irwin erkenne ich ja offenbar nur hinter seiner Ladentheke wieder — schlimm, schlimm! Und ich könnte diese Liste noch stundenlang fortsetzen. — eine Liste von Dingen, um die ich mich nie ernsthaft gekümmert habe, und von Namen, die ich mir nicht merken konnte, wenn ich sie überhaupt gehört hatte. Von Leuten, die ich kennen gelernt und wieder vergessen habe. Und wie oft ist es mir schon so ergangen wie eben mit Randy, daß ich den Gesprächsfaden verlor, weil ich mich meinen eigenen Gedanken überließ!

„Zerstreutheit", hatte ihr Vater erst kürzlich einmal bemerkt, „Gedankenfäden spinnen, — das kann zweifellos ein Kennzeichen des Genies sein. Ich habe aber häufiger gefunden, daß sich dahinter nur Rücksichtslosigkeit gegenüber anderen verbirgt, ein mangelndes Interesse am Mitmenschen."

Sie hatte kaum zugehört. Er sprach wohl von irgendeinem seiner Studenten oder einem Lehrer. Wahrscheinlich würde sie die Bemerkung gänzlich überhört haben, wenn nicht der Ausdruck ‚Gedankenfäden spinnen' gefallen wäre. Was für ein reizvolles Wort! Sie hatte es sogleich in den eigenen Sprachschatz übernommen, wenn auch in einem anderen Sinn, als ihr Vater es gebraucht hatte. *Gedankenfäden spinnen*... Ein Wiesenwort, träge und traumschwer, bei dem man sich sogleich ‚anders' vorkam, als etwas Besonderes fühlte. Nur die Gegenwart eines kleinen Mädchens zählte da noch — eine Gegenwart, die nichts mehr mit der glitzernden Zukunft zu tun hatte. Ein ‚gedankenspinnendes' Kind mußte wohl einfach die Dinge und Menschen seiner Umwelt übersehen. ‚Barbara Perry? Oh, ich erinnere mich gut, wie geistesabwesend sie stets als kleines Mädchen erschien, obgleich wir das damals natürlich noch nicht zu erkennen vermochten... ja, ein träumespinnendes Kind, gewiß ... immer verkroch sie sich mit einem Buch im Geäst des knorrigen alten Apfelbaums und las den lieben langen Tag...‘

In Wirklichkeit gab es weit und breit keinen Apfelbaum, der groß genug gewesen wäre, daß man sich in seinen Zweigen hätte verstecken und dort den ganzen Tag hätte lesen können. Und noch weniger hatte sie jemals das Bedürfnis verspürt, ausgerechnet in einem Baumwipfel zu lesen. Aber wie konnte jemand ein weltberühmter Schriftsteller werden, der nicht seine Kindheit lesend in einem Apfelbaum verbracht hatte? Sogar für den Werdegang einer Schauspielerin war der Apfelbaum unerläßlich. Dann hätte man dort Ibsen lesen können. Eine glänzende Laufbahn ließ sich ohne dieses genialische Kindheitserlebnis schlechterdings nicht vorstellen ...

Angenommen freilich, dachte sie weiter — nur einmal angenommen, man verstünde die Bemerkung anders, vielleicht sogar wörtlich? Angenommen, ihr Vater hätte nicht von irgendeinem Studenten gesprochen und nicht von einem Lehrer, sondern sie selbst gemeint? Er hätte sie — in seiner Vorliebe für Andeutungen — schonen wollen, hätte nur aus Güte mit ihr gesprochen? — Na schön, entschied sie widerwillig, sagen wir, es war Güte ... Dann sah alles ganz anders aus. Dann war sie gar kein ‚besonderes‘ Kind, begabt mit Phantasie und Wachträumen. Dann war sie bloß noch jemand, der sich um anderer Leute Bemerkungen und ihr Aussehen kümmerte. „Trübselig und selbstsüchtig“, hatte Andrew gesagt. Von wem hatte er das eigentlich gehört?

Ich weiß es nicht. Ich weiß es nicht, und ich will es auch nicht wissen, aber dies alles ist scheußlich!

Ihr war sonderbar zumute. Sie fühlte sich ein bißchen schwindlig, nichts stimmte mehr, alles war aus der Reihe gekommen. Sie tat einen Schritt vorwärts, ein wenig schwankend, und fiel auf den nächsten Stuhl. Ihre Zungenspitze fuhr über trockene Lippen. Bin ich denn wirklich so? Falsch, gleichgültig, selbstsüchtig und trübselig? Wenn das zutrifft, dann gibt es heute auch keinen neuen Anfang. Dann kann es keinen neuen Anfang geben. Auch kein Zurück, wenn so viel gutzumachen ist, so entsetzlich viel ...

Ihre Mutter kam herein, sah Barbara an, setzte sich neben sie und legte die Hand auf die Schulter des Mädchens. „Barbara", sagte sie bestürzt, „was gibt es denn?"

Barbara fuhr auf und blickte ihrer Mutter in die Augen. „Ich prüfe mich selbst", sagte sie ruhig, „und ich mag ganz und gar nicht, was ich da entdecke."

Sie hielten sich mit den Blicken fest. Barbaras Gesicht glich einer hölzernen Maske, auf dem Gesicht ihrer Mutter spiegelte sich heftiger Widerstreit. Schließlich sagte Mrs. Perry: „Ach, ihr jungen Leute! Könnt ihr denn nie — ich meine, gebt ihr euch selbst immer nur *eine* Chance?"

„Ich verstehe nicht, was du meinst", sagte Barbara, aber sie sagte es nur, damit ihre Mutter weiterspräche.

„Sieh mal — du verurteilst dich selbst, du gibst dir von einer Minute zur anderen die Schuld an allem, was falsch war ... Wenigstens nehme ich an, daß du das jetzt tust?" Barbara nickte wortlos, und ihre Mutter fuhr fort: „Aber nach einem solchen Generalprozeß — kannst du dir keine Bewährung zubilligen? Um es besser zu machen, um anders zu werden? Um — weiterzukommen?"

„Es ist zu spät."

„Oh, Barbara! Barbara, um alles in der Welt, das ist doch barer Unsinn! Du bist jung, du hast alle guten Eigenschaften —"

„Ich bin selbstsüchtig, trübselig, gedankenlos —"

„Jetzt ist's aber genug!"

Sie schwiegen beide und starrten sich an. Dann begann Mrs. Perry noch einmal. Sie sprach sehr langsam: „Jeder hat Augenblicke, in denen er sich selbst unausstehlich findet. Fast jeder. Und ich kann dir versichern, mein Liebes, daß die Leute, die solche Augenblicke nicht kennen, die wirklich unausstehlichen Mitmenschen sind, hoffnungslose und schreckliche Wesen. Nur sie sind in Wahrheit verurteilt, und sie wissen es nicht einmal. Sie haben nie, nie eine zweite Chance, weil sie gar nicht wissen, daß sie so etwas nötig haben. Aber sie leiden dennoch, und ihre Umwelt leidet mit." Hier versagte ihre Stimme, aber dann gab Mrs. Perry sich einen Ruck: „Weißt du, es geht gar nicht ausdrücklich um eine *zweite* Chance. Ich habe vielleicht gerade meine zweihundertste, meine dreihundertste

— vielleicht sind es auch noch mehr. Aber ich habe sie mir selbst eingeräumt."

„Warum?"

„Nun", sagte Mrs. Perry schlicht, „wahrscheinlich mag ich mich leiden."

Barbara versuchte, sich nichts anmerken zu lassen, aber ihr Rücken wurde stocksteif.

„Du hältst das für anmaßend?" fragte ihre Mutter. „Es ist aber keine Anmaßung. Ich weiß, ich habe meinen Wert. Wenn es nicht so wäre, dann hätte ich nicht diese Kinder und nicht diesen Mann. Und was würde wohl aus mir, was wäre schon längst aus mir geworden, wenn ich mich so der ... der eigenen Verachtung auslieferte? Was für eine Mutter oder Ehefrau — was für eine Person wäre ich dann?"

Barbara schluckte. Dieser Augenblick wurde unerträglich, er schien nicht enden zu wollen. Was ihre Mutter da sagte, war richtig, war weise, aber jetzt wollte sie nur noch irgendwohin laufen und mit sich ins reine kommen. Dieser ganze Tag nahm kein Ende — es war nicht zum Aushalten! War denn immer noch heute? Ihr kam es vor wie eine Ewigkeit, und dann gab es immer noch den Abend, den man auch überstehen mußte.

Was denn — was denke ich da? Den heutigen Abend überstehen? Dieser Abend hieß Party, hieß Randy, war der Anfang eines neuen Lebens. Eines neuen —, also rechne ich schon wieder mit einem Anfang? fragte sie sich nicht ohne Bitterkeit. Kann ich denn nichts durchhalten? Und im gleichen Augenblick: Kann ich mir nicht noch eine Chance geben?

„Hör mal", sagte ihre Mutter, „willst du nicht auf dein Zimmer gehen und dich ein wenig hinlegen?"

Barbara sah betroffen vor sich hin. Was für ein guter, vernünftiger, einfacher Vorschlag! Ich wäre nie darauf gekommen. Sie merkte erst jetzt, wie müde und erschöpft sie war — alles an ihr, Glieder, Geist, Herz. Erschöpft von diesem Wirrwarr der Gefühle. Aber nie wäre ihr eingefallen, hinaufzugehen und sich aufs Bett zu legen.

„Danke, ja", gab sie zur Antwort, „eine großartige Idee. Ich danke dir ... für alles!" Sie stand auf und ging zur Treppe. Wenn ich mich jetzt umdrehe, dachte sie —

wußte sie —, dann sehe ich Mutter in die Augen. Ihr Blick folgt mir jetzt, nachdenklich, liebevoll. Aber sie drehte sich nicht um.

Sie wußte, daß ihre Gedanken, sobald sie sich niederlegte, über diesen seltsamen Tag hinwegschweifen würden, ihn durchforschen, in ihm graben würden, bis sie zum Kern vorgestoßen wären, zur Bedeutung dieser vielen Ereignisse. Dann endlich wird mir alles klargeworden sein, sagte sie sich schläfrig, alles wird klar sein. Alles auf der Welt... wenigstens in meiner Welt...

Doch dieser Tag, den sie hatte festhalten und prüfen wollen, wie man über ein Rätsel nachgrübelt oder sich mit einer Blume beschäftigt, rann ihr aus den Händen, schloß sie ringsum ein mit weißen Wellenzügen, in deren sanftem Wiegen sie versank. Sie schlief ein.

Weißt du was", sagte Mr. Perry am gleichen Abend zu Randy, der früher als verabredet gekommen war, „du rufst mich einfach an, wenn ihr nach Hause wollt. Ich hole euch dann mit dem Wagen ab. Das ewige Hin- und Herkutschieren sollte man vielleicht nicht allein den Vätern der Herren Söhne überlassen." Seine Bemerkung konnte den Eindruck erwecken, als werde Barbara unausgesetzt von Jungen mit ihren Vätern abgeholt und heimgebracht; dabei war ihr Vater ganz ohne Arg und Hintergedanken.

Ehe der Junge eine Ablehnung vorbringen konnte, sagte Mrs. Perry rasch: „Das meine ich auch, Randy. Willst du es nicht deinem Vater sagen?" Mr. Lawson war nicht, wie damals Mr. Irwin, mit seinem Sohn hereingekommen, sondern wartete draußen im Wagen.

Randy zögerte. „Gut, ich kann ihn ja fragen. Sehr nett von Ihnen, Mr. Perry. Wollen wir es so halten, daß ich Sie anrufe, wenn Vater einverstanden ist? Rufe ich nicht an, dann kommt er selbst und holt uns ab — Jö!" rief er aus und sein Gesicht strahlte auf, als Barbara jetzt eintrat, „du siehst ja phantastisch aus!"

Barbara sah nicht anders aus als tausend andere junge Mädchen im ganzen Lande, die zu einer Verabredung gehen: munter, rosig, hübsch und voller Hoffnungen. Der marineblaue Wollstoff schmiegte sich weich um ihre Figur, der Rock bauschte sich über einem steifen Petticoat. Um den Hals trug sie eine Kette aus Goldperlen, die Armreifen klingelten, so oft sie die Hände bewegte, und auch im Haar schimmerte hier und da ein Goldtupfen auf.

Ihr Vater, herzlich müde nach diesem aufregenden Tag, betrachtete sie mit Wohlgefallen und auch einigermaßen überrascht. Mrs. Perry empfand kein geringeres Vergnügen beim Anblick ihrer Tochter, aber sie kannte die Elastizität des weiblichen Gemüts zu gut, um über Barbaras Aussehen erstaunt zu sein. Ein Schläfchen, ein wenig Lippenstift und die Aussicht auf eine Party reichten völlig aus, um die Spuren auch noch schlimmerer Aufregungen, als Barbara sie heute erlebt hatte, zu beseitigen ... Natürlich verkannte Mrs. Perry keineswegs, wie ernstzunehmend Barbaras Kummer gewesen war. Doch eben dies ist eine charakteristisch weibliche Eigenschaft — die ja auch so häufig zur Annahme verleitet, Frauen seien weniger empfindsam als Männer —, daß schon ein neues Kleid, ein neues Parfüm genügen, um Kummer und Verwirrung zu überwinden, mindestens zeitweilig. Frauen sind von Natur aus optimistischer als Männer. Vielleicht, dachte sie, hängt es mit der weiblichen Fähigkeit zusammen, über unangenehme Tatsachen einfach hinwegzugehen, wenn sie sich beim besten Willen nicht abwenden lassen. Genau betrachtet, durfte das sogar als Tatsachensinn reinster Prägung gelten. Hal würde ihr in diesem Punkt nicht beistimmen können — er war nämlich ein unerbittlicher Tatsachenmensch. Manchmal erinnerte er sie an einen jener Märchenhelden, die mit einem unablässig die Gestalt wechselnden Ungeheuer ringen — bald ist es eine Schlange, bald ein Schwan und bald ein brennender Busch. Eine Frau würde an einem bestimmten Punkt des Kampfes einfach die Arme öffnen, das Verwandlungsmonstrum fallen lassen und fortgehen. Sie würde freilich auf diese Weise kein Königreich gewinnen, doch jedenfalls Gesundheit und Leben behalten. Vielleicht ist das der Grund, warum Frauen länger leben als Mäner, dachte sie erheitert. Wir wissen eben besser, wie man einem Kampf aus dem Wege geht.

So hatte auch Barbara, die einen ganzen Tag lang ihren bitteren Kampf gegen sich selbst, gegen die Welt, ihre Lebensphilosophie und ihre Familie ausgefochten hatte, zuguterletzt eine Amnestie erklärt, hatte in sich alle Kampfesspuren beseitigt und sah nun einfach hinreißend aus. Man muß nur wissen, sagte sich Mrs. Perry, daß diese Art von Amnestie nicht ewig gilt. Man soll dankbar sein, wenn es gerade aufwärts geht, aber man darf nicht versuchen, seine Zukunft nur darauf zu gründen.

Als Barbara und Randy gegangen waren, seufzte Mr. Perry aus Herzensgrund und ließ sich tiefer in seinen Sessel rutschen. „Sie sieht wirklich reizend aus", meinte er. „Wird es ihr diesmal auf der Party gefallen?"

„Ich glaube schon. Ich ... hatte heute nachmittag eine kleine Aussprache mit ihr."

„Schon wieder? Mir kommt's bald vor, als bestünde das Leben nur noch aus kleinen Aussprachen mit Barbara. Wenn ich wenigstens das Gefühl hätte, sie nützten etwas."

„Diesmal war sie vielleicht zu etwas nütze. Barbara hat selbst darum gebeten, und das ist ein Unterschied."

„Was machen denn die Jungen?"

„Spielen ‚Monopoly' im Bastelzimmer."

Er lächelte. „Habe ich dir schon einmal das Gedicht ‚Wenn ich groß bin' zitiert?"

Mrs. Perry schüttelte den Kopf.

„Wenn ich groß bin, spazier' ich mit einem Stock
und bin ein würdiger Mann.
Dann hab' ich 'ne Uhr, die macht wirklich tick-tock,
und ein Haus, so groß wie ein Häuserblock,
aber drinnen — und das wär' für jeden ein Schock —
bin ich Ich, und darauf kommt's an."

„Das ist großartig!", sagte Mrs. Perry. „Wo hast du das ausgegraben?"

„Das weiß ich nicht mehr. Aber ich kannte es schon, als ich noch ein ganz kleiner Junge war. Es leuchtete mir damals ein, und es leuchtet mir auch heute noch ein — wenn auch natürlich aus ganz anderen Gründen. ‚Aber drinnen bin ich Ich'." Er seufzte wieder, halb belustigt. „Porträt eines gutgeratenen Charakters. Bist du auch ganz du, Letty?"

„Manchmal glaube ich es. Aber ich weiß es nicht immer so genau."

„Gerade weil du zweifelst, bist du gut geraten. — Ich bin froh, daß sie um eine Aussprache bat."

„Mir fällt da gerade ein Vers ein, den ich auch seit meiner Kindheit kenne. Er hat mir damals nicht eingeleuchtet, dafür heute um so mehr", sagte sie. „Er heißt ,Erwachsen' und stammt von Edna Millay:

„Ich habe gebetet, dem Bösen gewehrt
und geschluchzt und geflucht und aufbegehrt,
doch heute sink' ich, gezähmt und brav,
um punkt halb acht schon in den Schlaf."

Hal lächelte vielsagend. „Welche Ironie liegt doch darin!" Nach einer Weile setzte er hinzu: „Hoffentlich hat sie wirklich ihren Spaß auf der Party heute abend."

Mr. Lawson sagte zwar nicht: „Das hat ja lange genug gedauert!" Aber er hätte es glatt tun können, dachte Barbara. Die Wagentür war noch nicht zu, da fuhr er schon los, und erst als Randy sagte: „Du kennst doch Barbara Perry?" entschloß er sich zu sprechen.

„Guten Abend!" murmelte er, ohne sich nach ihr umzuwenden.

„Guten Abend, Mr. Lawson", erwiderte Barbara und fügte, wie es sich gehörte, hinzu: „Wie nett von Ihnen, uns hinzufahren!"

Keine Antwort. Randy ließ einen fast unhörbaren Seufzer vernehmen. „Mr. Perry will uns gern abholen, wenn's dir lieber ist", sagte er. Und wieder spürte man in seiner Stimme diese Spannung, die Barbara schon am Weihnachtsabend aufgefallen war.

„Habe ich je gesagt, daß es mir etwas ausmacht, euch zu fahren?" wollte Mr. Lawson wissen.

„Nein, Dad. Das meinte ich auch gar nicht. Nur — Mr. Perry sagte . . . er will gern einspringen. Er meint, es sei nicht einzusehen, warum die Väter der Jungen die ganze Fahrerei übernehmen sollten."

„Ich habe nie gesagt, daß es mir etwas ausmacht."

„Nein. Nein, natürlich nicht."

Dabei blieb es, und die Sache schien damit erledigt, denn als er sie vor dem Haus der Obemeyers absetzte, sagte er: „Ruft mich an, wenn ihr soweit seid", und fuhr los.

Sobald sein Vater fort war, schien Randy auch seine Gespanntheit vergessen zu haben. Fast wie ein kleines Kind, dachte Barbara, das den scheltenden Erwachsenen sofort vergißt, wenn er ihm den Rücken dreht. Vermutlich hat er diese Fähigkeit zwangsläufig entwickeln müssen, wenn sein Vater immer so schweigsam, immer so unzugänglich ist, wie es ihr beide Male erschienen war, als sie Vater und Sohn zusammen gesehen hatte. Aber nach dieser Überlegung entließ auch sie Mr. Lawson aus ihren Gedanken.

Es gab Wichtigeres und Dringenderes, das übrigens nicht nur ihren Verstand in Anspruch nahm, sondern ihren ganzen Körper. Ihr Herz schlug voll gespannter Erwartung wie in einem Käfig. Dieses wichtige Ereignis hieß PARTY, und das Wort schien in riesigen, ein wenig flackernden Buchstaben vor ihr zu stehen, etwa wie Kinoreklameschilder eine Kriminalgeschichte ankündigen.

Als sie kürzlich in einen solchen Gruselfilm wollte, hatte sie ihre Mutter — die ihn schon kannte — gefragt, wie er denn wäre. „Brrr . . ." hatte Mrs. Perry erwidert. „Er wird dich mindestens zehn Jahre älter machen, aber immerhin, du kannst es dir ja leisten." Die Party schien fertigzubringen, was dem Kino nicht gelungen war. Während sie die flachen Stufen zu dem großen Ziegelbau emporstieg, stellte sie fest, daß sie entsetzliche Angst hatte. Aber nun gab es weder ein Vorwärts noch ein Zurück. Ja, um zehn Jahre zu altern — sie versuchte, ihren Gedanken eine humorvolle Wendung zu geben —, vielleicht wäre das gar nicht so schlimm. Sie hätte es brauchen können, wenigstens ein paar Jahre älter zu sein.

Sie spürte nicht, daß Randy sie leicht am Ellbogen führte. Ihr Blick trübte sich im Vorgefühl dessen, was kommen mußte. Immer noch versuchte sie, sich begütigend zuzureden, daß es ganz gut war, ein paar Jährchen älter zu werden, und daß gerade heute die Gelegenheit günstig sei. Heute abend werde ich ganz im Augenblick leben, werde zuhören, was die andern sagen, werde beobachten und dabei sein. Ich werde mich nur für die Gegenwart interessieren, und wenn schon unbedingt Träume gesponnen werden müssen, dann — bitteschön — zu Hause im Bett! Schon allein der Gedanke daran, zu Hause im Bett zu liegen und die Party mit allem, was sie von ihr forterte, hinter sich zu haben, erfüllte Barbara mit solchem Verlangen danach, daß sie unwillkürlich anhielt und Randy einen bittenden Blick zuwarf.

„Was gibt's denn?" wollte er wissen.

„Ich . . ." Warum war es nur so schwer, einmal ordentlich tief Luft zu holen? „Nein, nichts. Ich hab nur mal eben . . . an was anderes gedacht."

„Ganz das Töchterlein des Professors!" Und als sie ihn verständnislos ansah, ergänzte er: „Ist dein Vater nicht auch oft geistesabwesend?"

„Aber nein." Sie schüttelte den Kopf. „Nein. Vater ist der geistesgegenwärtigste Mensch, den ich kenne."

„Großartiger Bursche", meinte Randy mit Nachdruck. Und dann fuhr Mr. Maxwells Wagen vor und entlud Jeff, Connie, Max und Alice. Knapp hinter ihnen kam Peter Adams in seinem eigenen ‚Wagen' an, einem flotten Cabrio mit einem Auspuff, den man noch weit bis ins nächste Jahrhundert vernehmen würde, und einer Hupe, die wie eine Ente quakte. Er war mit ihnen in einer Klasse, hatte aber schon seit einem Jahr seinen Führerschein und stellte — wie er selbst zu sagen pflegte — keine Gefahr für die aufstrebenden Intellektuellen der Welt dar.

„Immerhin habe ich ein freundliches Naturell", hatte Barbara ihn einmal sagen hören, „und meine Mutter findet, es sei ein Vergnügen, für mich zu kochen. Man kann schließlich nicht alles haben!"

Sonia Bemis saß neben ihm. Barbara hielt sie für das aufregendste Mädchen der Schule. Sie war hübsch und sehr gewandt, sie hatte fast immer recht, und wenn nicht, brachte sie das keineswegs aus der Ruhe. Sie war sehr sicher im Auftreten und förderte so all die Unsicherheit in Barbara zu Tage, die ihr gegenüber höchst empfindlich war, wie alle unsicheren Menschen, wenn sie eine Herausforderung auf sich zukommen sehen und außerstande sind, sie abzuwehren. Bei Sonia war es ganz unmöglich, sich darauf hinauszureden, daß man von Natur großzügig und hilfsbereit war. Nein, zwischen ihr und Sonia war die Beziehung ganz eindeutig: Sonia nutzte alle aus, wo sie nur konnte, und es fehlte nur noch, daß man darum bat, ausgenutzt zu werden. Beide Teile gaben vor, die Situation nicht zu durchschauen, taten es natürlich doch — und mochten sich verständlicherweise nicht.

Vielleicht, dachte Barbara in einem Anfall von Scharfsinn und Offenheit, nimmt sie sich gar nicht die Zeit, mich nicht zu mögen. Ich jedenfalls mache mir nichts aus ihr. Im allgemeinen war sie durch ihre Einstellung zum Leben dazu gezwungen, in jedermann etwas Liebenswertes zu finden; auf diese Weise entging sie der Demütigung, sich um die Gunst eines Menschen zu bemühen, den sie nicht bewunderte. Diese Erkenntnis erheiterte sie sogar, und sie ließ sich auf diesem Hochgefühl mit den anderen ins Haus tragen.

Kaum aber hatte sie das geschafft, schüchterte sie das respektheischende Innere des Hauses ein. Barbara war nicht an Luxus gewöhnt, und obgleich das Haus der Obemeyers nicht eigentlich luxuriös war, so war es doch groß und auf eine kühne Art eingerichtet. Barbara war nicht imstande, da einen Unterschied zu machen. Die Diele war weitläufig und hoch. Eine Treppe führte zu einem Zwischengeschoß und weiter in den ersten Stock. Das Treppenhaus war gar nicht schön, aber offen und recht eindrucksvoll. Diele und Treppenaufgang waren mit einem leuchtendroten Teppich ausgelegt, die Wände mit einer zartgemusterten weißgrauen Tapete verkleidet. Die große Doppeltür rechts war verschlossen, aber die Tür zur Linken führte in das geräumige Wohnzimmer, wo ein Feuer im Kamin brannte. Ein schöner alter Spiegel warf das Bild einer Gruppe moderner Möbel zurück, eine riesige, mit Zitronenlaub und weißen Chrysanthemen gefüllte Messingschale und schwere Vorhänge, die man zugezogen hatte. Grün, Gelb und Grau waren die vorherrschenden Farben. Das Ganze wirkte reich, frisch und gar nicht abgenutzt. Barbara fand, es sei das schönste Haus, das sie je gesehen hatte, und sie versuchte, sich damit ein bißchen zu ermuntern, daß sie nirgends ein Buch entdecken konnte.

„Guten Tag, alle miteinander", begrüßte Margaret ihre Gäste, „legt eure Sachen in der Bibliothek ab." Sie ging durch die Diele voran, und Barbara, die mit den anderen folgte, wurde es klar, daß man dieses Haus nach seiner eignen Art beurteilen mußte. Auch das Frostsche Haus, von dem sie nicht viel mehr als die Küche gesehen hatte, ließ einen anderen und weitaus höheren Lebenszuschnitt als den der Perrys erkennen. Waren alle diese Leute reich? Oder vielmehr, verbesserte sie sich, ging es ihnen allen finanziell so viel besser als ihrer eigenen Familie, daß sie den Gedanken an eine Party im Bastelzimmer ein für allemal aufgeben mußte? Sie schämte sich, weil sie das dachte, aber sie schämte sich auch wegen des Bastelzimmers. Mit dem Gefühl, wieder einmal ein schwarzes Schaf zu sein, und bemüht, es die anderen nicht merken zu lassen, kehrte sie mit ihnen ins Wohnzimmer zurück.

Ich will sie ja täuschen, gestand sie sich ein. Ich will für voll genommen werden und dazugehören. ,Barbara Perry? O ja, die ist köstlich! Ihr Vater gehört zu diesen genialen Leuten, die sich überhaupt nichts aus materiellen Dingen machen. Ihr Haus kann ihnen jeden Tag über dem Kopf zusammenfallen, wie das in Gelehrtenklausen so geht — nichts als Bücher, Fledermäuse und Spinnweben — na, ihr wißt schon . . .'

Barbara schüttelte den Kopf. Mein Geist gerät auf Irrwege. Wenn ich schon hier herumgehe und Fragen beantworte, die nie gestellt wurden, dann kann ich doch wenigstens erfreuliche Antworten erfinden. Oder es mir besser ganz abgewöhnen. Wenigstens für die Dauer dieses einen Abends, ermahnte sie sich.

„Das ist ein schöner Raum", bemerkte sie zu Margaret.

„Findest du? Das freut mich —" fing Margaret an, unterbrach sich aber und rief: „Jeff! Kommst du sofort hierher! Und daß du dich nicht unterstehst, da an die Eßzimmertür zu gehen!"

Jeff kam quer durch die große Diele herüber. „Ich wollte nur mal sehen, ob alles seine Ordnung hat und ob keine Räuber unter den Sofas versteckt sind!"

„Unser Privatdetektiv paßt darauf schon auf", beruhigte ihn Margaret.

143

Barbara mußte hell auflachen und hatte das sonderbare Gefühl, die ganze Szene schon einmal erlebt zu haben, wußte aber nicht wo und wann. Sie grübelte nicht länger darüber nach und lächelte nur, und plötzlich trafen sich ihre und Randys Augen. Er lächelte freundschaftlich zurück. War ich denn nicht heute morgen in ihn verliebt? dachte sie. Jetzt war sie es nicht. Sie fand ihn nett, und zumindest war er ihr vertrauter als alle anderen. Sie hoffte, daß er sie beschützen würde, bis sie ein richtiges Schaf in der Herde geworden war, aber sie war viel zu emsig damit beschäftigt, im richtigen Ton mitzublöken, um auch nur einen Gedanken aufs Verliebtsein verschwenden zu können. Später..., dachte sie und beschloß bei sich, daß Randy und sie füreinander bestimmt waren — später werde ich mich wieder in ihn verlieben.

„Wie geht's, Barbara?" sagte Sonia Bemis. Sie stand vor ihr — groß, schlank und von der kühlen Frische einer Blume. „Nett, daß du gekommen bist. Wie war Weihnachten bei dir?" Sie ließ sich auf eine lange schmale Couch fallen. Daunenkissen, stellte Barbara fest. Es schien ihr fast frevelhaft, ihre pralle Fülle zu zerknautschen, aber sie setzte sich gehorsam neben Sonia.

„Prachtvoll!" rief sie aus. „Ich habe einen wunderbaren Kamelhaarmantel bekommen." Sonia lachte. Barbara sah sie rasch von der Seite an, mißtrauisch, aber doch hoffnungsvoll. Warum war sie denn mit einem Male so nett? Warum... Aber dann setzte sich Max zu ihnen, und erleichtert ließ sie ihren Blick zu ihm hinüberwandern. Er sah Sonia an und legte seine gedrungene, kräftige Hand auf ihre langen, weißen Finger.

„Warum spielst du uns nicht etwas vor, Mädchen?" fragte er.

In einer Ecke des Zimmers stand ein merkwürdig vierschrötiger Stutzflügel in lichtem Mahagoni. Barbara fand ihn häßlich, wurde aber sofort andern Sinnes, als Sonia hinüberschaute und meinte: „Oh, was für ein Prachtstück! Vielleicht tu' ich's später."

Max wandte sich jetzt an Barbara. „Ich spiele nach Gehör," bemerkte er.

„Das ist ja prachtvoll!" Es *mußte* doch noch irgendein anderes Wort außer ‚prachtvoll' und ‚wunderbar' geben!

144

„Allerdings. Ich lege meinen Kopf auf die Tasten und wackle mit den Ohren. Es ist unglaublich aufregend."

Sofort erstarrte Barbara innerlich und lief dunkelrot an. Man machte sich über sie lustig! Der abscheuliche Bengel machte sich vor allen andern über sie lustig. Eine panische Angst erfaßte sie bei der Vorstellung, daß alles mit diesem Augenblick stand oder fiel. Entweder gelang es ihr auf irgendeine Weise, jetzt das richtige zu tun, ‚eine von ihnen' zu werden, oder sie mußte sich zitternd und gedemütigt eingestehen, daß sie ein für allemal draußen bleiben mußte. Und in weniger als einem Augenblick würde sich ihr Schicksal entscheiden. Der Abgrund der Vernichtung gähnte zu ihren Füßen.

In der allerletzten Sekunde trat sie zurück, brachte sie es fertig, zu lachen und zu sagen: „Spielst du mit beiden Ohren?"

Es war nicht sehr gut. Es war, wie Barbara fand, nicht einmal gut, aber Max betrachtete sie doch mit einer gewissen Anerkennung. „Nur mit dem rechten", erwiderte er. „Auf dem linken bin ich taub."

Das fand nun Barbara ganz belustigend, und diesmal klang ihr Lachen echt.

„Na, Max", meinte Sonia gedehnt, „da hast du ja ein dankbares Publikum."

Ehe Barbara noch Gelegenheit hatte, so oder so darauf zu reagieren, meinte Max geschmeichelt: „Ich wußte immer, daß ich es eines Tages haben würde, aber ich ahnte nicht, daß es so einen entzückenden Anblick bieten würde."

Ist es das? fragte sich Barbara atemlos. Ist es so, wenn man dazugehört? Bin ich... fange ich an, auszusehen wie ein richtiges Schaf aus der Herde? Sie mußte lächeln bei dem Gedanken, und Jeff Irwin, der zu ihnen getreten war, betrachtete sie genau, tippte sich dann gegen die Stirn und sagte: „Sie hat so ihre eigenen Gedanken, sie hat ihre eigenen vergnüglichen Gedanken, und da sitzt sie nun und lacht darüber."

„Sie lacht über *mich*, Mann", sagte Max. „Ich hab' einen witzigen Einfall gehabt, und sie findet ihn immer noch witzig — darum lacht sie."

„Ist das wahr? Dieser Bursche da amüsiert dich?" wollte Jeff wissen und zog sich einen Stuhl heran.

Hier mußte sie behutsam vorgehen. Nichts zu sagen, wäre einfallslos. Zu sagen: „Oh, er ist verheerend", wäre zu vertraulich. So nahe stand sie ihnen allen noch nicht. Noch blöke ich ja nicht mit den anderen, dachte sie und konnte gerade noch ein Kichern unterdrücken.

„Er hat wirklich etwas Lustiges gesagt", gab sie zu.

Jeff schnippte mit den Fingern. „Und ich war nicht dabei, um es auch zu genießen! Du willst dir wohl kaum die Mühe machen, alles noch einmal zu erzählen, Max, mein Junge? Nein? Das erleichtert mich. Warum hocken wir eigentlich hier herum? Warum gehen wir nicht ins Spielzimmer hinunter?"

Also ‚Spielzimmer' heißt es hier, dachte Barbara. Man konnte es nennen wie man wollte — zuguterletzt lag es immer im Keller. Sie war wie erlöst, daß sie nicht den ganzen Abend über in diesem respektheischenden Raum bleiben mußten. Aber noch während sie das dachte, überlegte sie, wie wohl jemand einmal die Welt erobern wollte, der sich schon von einem weiträumigen Wohnzimmer überwältigen ließ. Gut, daß ich nicht sofort mit der Welteroberung zu beginnen brauche. Ich will erst einmal mit diesem Abend fertig werden. Die Welt wartet schon noch auf mich.

„Weiß ich's?" erwiderte Max auf Jeffs Frage. „Aber nimm mir ja nicht meinen Revolver weg. Mir scheint, ich werde ihn noch gegen Adams brauchen. Er flirtet da drüben mit Alice."

„Er flirtet nicht", meinte Sonia ruhig. „Er versucht nur festzustellen, mit wem er sich eigentlich unterhält."

„Ah, ich dachte mir doch, daß heute irgend etwas anders an ihm ist. Hat er seine Brille kaputtgemacht?" wollte Jeff wissen.

„Er sagt, er hat sie verloren. Ich glaube, er kommt sich ohne sie anziehender vor."

„Falls ich je den Verstand verlieren und dich zu einem Rendezvous bitten sollte", meinte Max, „versprichst du dann, mir abzusagen?"

„Das ist ein Vorschlag", erwiderte Sonia in tadelloser Haltung. „Übrigens, um deine Frage von vorhin zu beantworten: ich glaube, wir warten noch, bis Bud Parker kommt."

„Ach, Parker kommt?" fragte Jeff.

„Er war gestern abend mit Margy im Kino, und da hat sie ihn auch eingeladen. Ich glaube, sie mag ihn."

„Warum nicht? Er ist ein netter Bursche. Allerdings sehr ruhig", meinte Jeff.

Sonia zog die eine Braue in die Höhe. „Schweigen wirkt nicht auf alle so anregend wie auf dich, Jeffy."

Jeff zog die Schultern zusammen. „Meine Sekundanten werden dich an einem der nächsten Tage aufsuchen. Nicht gerade morgen, da sind sie anderweitig beschäftigt — aber an irgendeinem Morgen in den nächsten zehn Jahren kannst du auf sie zählen." Er sprang auf. „Und jetzt räume ich das Feld, ehe jemand ernstlich verletzt wird. Vor allem ich. Ich bin immer so leicht verletzt." Er warf einen raschen Blick auf Barbara. „Du kommst wohl auch besser mit. Du siehst mir nicht stark genug aus, um mit Sonia fertigzuwerden."

Wie recht du hast! dachte Barbara. Für Jeff mochte es ein Witz sein — für sie aber war Sonia eine wirkliche Bedrohung. Ihre scharfe Zunge könnte durch eine zufällig treffende Bemerkung das ganze kunstvolle Gebäude ihrer Sicherheit, das sie da gerade aufführte, zum Einsturz bringen. Sie zögerte unentschlossen, sah, daß Sonia ihre ganze Aufmerksamkeit Max zugewandt hatte, stand auf und ging mit Jeff, der sie aber nicht mehr zu beachten schien, sobald er auf Peter Adams traf. Barbara hing einen Augenblick lang unsicher in der Luft, während sie, ohne ihrem Gespräch zu folgen, doch so tat, als nähme sie daran teil. Es war immer gut, sich nicht gar zu lange von den Menschen und der Unterhaltung abzulösen, jedenfalls nicht so lange, daß man den Eindruck erweckte, entweder ganz verlassen oder uninteressiert zu sein. Beides würde für sie jetzt noch gefährlich sein, auch wenn es für die anderen, die dazugehörten, durchaus nicht ungewöhnlich sein mochte. Ach, dieses Verlangen nach Dingen, die sie so oft zu verachten vorgab, die sie manchmal auch wircklich verachtete: diese traulichen, so selbstgefälligen, so sicheren Grüppchen, die sich da auf ihrer engen Bahn drehten, ohne etwas von der Welt, von dem Weltall dahinter zu ahnen, diese provinziellen Pharisäer, diese Frauenvereine, Studentenorganisationen und Schülerverbänden! Diese Bereitwilligkeit, dieser Eifer, sich mit Leuten zusammenzutun, die einem nichts bedeuten. Dieses zweideutige Triumphgefühl, wenn man Sonia Bemis ein paar mäßig freundliche Worte abgerungen hatte. Was brauchte sie sich um Sonia Bemis zu kümmern? Und dennoch tat sie es, konnte sie nicht anders.

Ihr Vater, der ein paar gute Freunde, aber sehr wenig Bekannte hatte, war der Überzeugung, daß es sinnlos sei, Beziehungen aufrechtzuerhalten, die für beide Teile wertlos waren. „Es ist nur eine Zeitverschwendung", — für ihn gab es überhaupt keine ärgere Verschwendung — „und es nutzt den Geist unnötig ab, wenn man Bekanntschaften aufrechterhält, die durch nichts anderes gerechtfertigt sind als durch die zufällige Nachbarschaft oder durch die beiderseitige Langeweile. Wir machen ja diesen Weg durchs Leben nur einmal, und ich habe nicht die Absicht, mich auf dieser Reise zum Zeitvertreib oder aus Bequemlichkeit mit solchen Bekanntschaften zu belasten."

Im allgemeinen hörte Barbara nicht zu, wenn er so redete — seine Worte erschienen ihr dann mehr geschrieben als gesprochen. Aber diesmal hatte es sie doch interessiert. „Du findest also, daß jede Bekanntschaft — produktiv sein sollte?" In ihren Augen war das ein Vorwurf.

Aber er hatte zugestimmt: „Ja, genau das meine ich. Produktiv, bedeutungsvoll, und zwar für beide Teile — sonst hat es nach meiner Überzeugung keinen Sinn. Und noch eins will ich dir sagen. Diese Bekanntschaften zum Zeitvertreib sind stets zweischneidig. Die Leute laden einen zum Essen ein, weil man sie eingeladen hat. Man geht hin, weil es ungezogen wäre, es nicht zu tun, man lädt sie wiederum ein, weil es ungezogen wäre, es zu unterlassen, und so weiter und so weiter. So schließt sich der Kreis der Langeweile. Das Ganze läuft doch — wie man es auch herausputzt — darauf hinaus, daß man hingeht, weil man fürchtet, man würde unbeliebt und die Leute redeten über einen, wenn man wegbleibt. Aber was ist schon dabei, wenn sie einen nicht mögen? Wenn sie über einen reden? Wir haben nur ein Leben. Sollen wir seinen größten Teil auf die Sorge verschwenden, daß jeder uns mag und hinter unserem Rücken Nettes über uns sagt? Hol's der Kuckuck!"

„Aber Mutter ist doch mit allen freundlich, aber auch wirklich mit allen", hatte Barbara gemeint und geglaubt, sie hätte ihn jetzt festgenagelt.

„Deine Mutter ist wirklich an Menschen interessiert. Das ist eine sehr schöne Eigenschaft, und sie ist sehr selten. Aber das ist etwas ganz anderes, als sich um Bekanntschaften zu bemühen — nur um am Samstagabend nicht ohne Einladung dazusitzen." Barbara hatte nicht überzeugt ausgesehen, und so hatte er hinzugefügt: „Der Installateur zum Beispiel kommt zu uns, um den Ausguß zu reparieren, und bis er wieder geht, ist er mit deiner Mutter in eine angeregte und vergnügliche Unterhaltung über Amateurvogelzucht geraten. Sie fragt ihn nicht etwa: ‚Was haben Sie für ein Steckenpferd?' Es kommt einfach so heraus, während er sich am Ausguß zu schaffen macht, daß er sich für Vogelzucht interessiert. Oder sie kommt zum Mittagessen zu mir in die Schule, und innerhalb von fünfzehn Minuten erzählt ihr Dr. Paley, wie erbittert sein Sohn Alaska haßt. Ich wußte nicht einmal ganz sicher, ob er überhaupt einen Sohn hat. Aber das heißt doch noch nicht, daß wir nun Dr. Paley und den Installateur zum Essen bitten und Einladungen von ihnen erwarten müssen! Sie wollen das gar nicht, und wir wollen es ebenso wenig. Deine Mutter gehört ganz einfach zu den Menschen, die jede menschliche Beziehung reicher machen. Aber man kann sie nicht zum Maßstab für alle übrigen erheben. Theoretisch läßt sich auch gar nicht viel über sie sagen. Reine Theorie kann das Wunder nie fassen. Und ein Mensch mit wahrer Einfühlungsgabe in andere ist eben ein Wunder. Und — deine Mutter ist ein solcher Mensch."

„Das ist hübsch ausgedrückt", hatte Barbara beeindruckt, wenn auch noch nicht überzeugt, gemeint, „das mit der reinen Theorie und dem Wunder."

„Stammt von William James", gab er zu.

Und da stand sie nun und hörte mit halbem Ohr zu, wie Peter gerade Max erklärte, daß er seine Brille, die er beim Fahren brauchte, im Handschuhfach seines Wagens verwahre, aber sie auf der Party nicht tragen wolle, weil sie nicht zu seiner Krawatte passe — oder irgend so etwas sagte er wohl ... und halb erinnerte sie sich an die Worte ihres Vaters. Hat er recht? dachte sie. Es wäre eine solche

149

Erleichterung gewesen, wenn sie ihm hätte glauben können, wenn sie imstande gewesen wäre, sich nicht mehr darüber aufzuregen, was die Leute wohl von ihr denken, über sie reden mochten. Wenn sie sich keine Gedanken mehr darüber zu machen brauchte, was sie gestern oder in der vergangenen Woche gesagt und wie ihre Stimme am Telefon geklungen hatte. Wenn sie nicht mehr das brennende Bedürfnis hätte, immer allen zuzustimmen, damit man sie „nett" fand. Wenn sie, mit anderen Worten, endlich nicht mehr den Wunsch hätte, bei allen beliebt zu sein, was doch ganz offensichtlich nicht möglich und vermutlich nicht einmal wünschenswert war und bisher nur dazu geführt hatte, daß sie sich selbst allzu oft unleidlich vorgekommen war. Hatte ihr Vater recht? Und — sie beschloß, ihn gelegentlich danach zu fragen — hatte er selbst schon mit fünfzehn Jahren so unabhängig gedacht?

Er hatte sich bemüht, ihr zu helfen. Hierbei wie bei so vielen anderen Dingen, über die er mit ihr sprach, versuchte er, sie aus seinen eigenen Erfahrungen Nutzen ziehen zu lassen. Aber konnte ein Mädchen von fünfzehn Jahren Nutzen aus der Erfahrung eines vierzigjährigen Mannes ziehen? Vielleicht ein wenig, gab sie zu. Vielleicht, wenn man ihm gut zuhörte und sehr bereitwillig war — vielleicht konnte man dann einen kleinen Teil seiner Erfahrung für sich übernehmen und damit besser fahren. Aber ich wette, daß er mit fünfzehn auch beliebt sein wollte. Vielleicht nicht ganz so wie ich (aber ich gehe ja immer bis zum äußersten, dachte sie nicht ohne Stolz), doch sicher war er nicht gleichgültig dagegen gewesen. Und ich würde es ihm auch nicht glauben, wenn er es behauptete. So etwas vergißt sich in seinem Alter.

Plötzlich war Margaret neben ihr. „Wie geht's, Barby?" fragte sie. „Ich freu' mich so, daß du gekommen bist."

Barbara betrachtete sie — ihr kurzes, krauses Haar, die leuchtenden Augen mit dem geraden Blick, ihren feinen Körperbau, die natürliche Haltung. Immer schon hatte Margaret in ihr den Eindruck erweckt, als könne sie sich, wenn sie wollte, vom Boden lösen und von einer Stelle zur anderen schweben. Sie lauschte auf die ein wenig kehlige, freundliche Stimme, und die Spannung in ihr ließ nach. Sie spürte förmlich, wie sie durch die Fingerspitzen

aus ihr abfloß, als sie erwiderte: „Ich freue mich auch —
Margy."

„Randy hat mir gerade erzählt, daß er den ganzen
Nachmittag mit dir und deinen Brüdern im Schnee gespielt
hat. Wie heißt doch der ältere? Ach ja, Andrew. Der ist
einfach himmlisch."

Barbara guckte sie erstaunt an. „Woher kennst du ihn
denn?"

„Ach, er kommt manchmal zu uns herüber und spielt
mit meinem kleinen Bruder. Obgleich sich Rob, um ehrlich zu sein, verheerend aufführt und immer alles kaputt-
macht. Aber wenn Andrew kommt, benimmt er sich, als ob
er gerade einen — ja, einen Phoenix eingefangen hätte.
Du mußt Rob doch schon bei euch gesehen haben? Er war
ein paarmal bei Andrew."

„Nein... ja, doch. Ich meine, sicher hab' ich ihn schon
gesehen. Aber weißt du, da sind immer so viele Kinder..."
Das war fade und außerdem falsch. Andrew brachte niemals so viele Kinder mit, daß sie ihre Namen nicht hätte
behalten können. Ich gebe einfach nicht acht auf andere
Menschen sagte sie sich streng.

Ich bin kein angenehmer Mensch, nein, durchaus nicht
angenehm, dachte Barbara. Wie also konnte das Wunder
geschehen? Wie kam es, daß sie nun als Gast — und doch
offenbar als ein willkommener Gast Margaret Obemeyers
hier stand? Margaret Obemeyer, die sie so sehr beneidet
hatte, die näher zu kennen sie sich schon lange gewünscht
hatte. Nun, sie konnte wohl kaum danach fragen, wie das
Wunder geschehen war. Vielleicht war es auch besser, es
nie zu erfahren. Es war geschehen, und sie würde die Gelegenheit beim Schopfe packen.

„Mir gefällt dieses Zimmer sehr!" O Himmel! Das
hatte sie ja schon einmal gesagt.

Aber Margaret schien sich über ihre Äußerung zu freuen.
„Das mußt du unbedingt meiner Mutter sagen. Sie kommt
bald mit Dad herunter. Mutter ist stolz wie ein Pfau auf
dieses Zimmer." Irgend etwas schien sie zu belustigen.
„Mom hat wirklich viel Spaß damit. Ihr gefällt nichts, was
schon sechs andere haben. Also wird das Haus immer
wieder neu eingerichtet. Aber sag ihr, bitte —" Sie unterbrach sich, als es klingelte, und hob mit einem glücklichen

Ausdruck den Kopf. „Verzeih, Barbara. Es klingelt." Sie flog förmlich zur Haustür, öffnete sie, und da stand Bud Parker und klopfte sich den Schnee von den Schuhen.

Es schien, als habe die Party für Margaret — und damit natürlich auch für alle übrigen — erst mit Buds Erscheinen begonnen. Mr. und Mrs. Obemeyer kamen gerade in diesem Augenblick wie auf Verabredung die Treppe herunter, traten in das Wohnzimmer und hielten kurz Hof. Ohne jeden Nachdruck gelang es ihnen, den Gästen ihrer Tochter klarzumachen, daß mit ihrer Gegenwart für diesen Abend ganz sicher zu rechnen sei. ‚Wir werden uns nicht sehen lassen, aber wir werden da sein', schienen sie unausgesprochen, aber für jeden verständlich mitzuteilen.

Sie waren ungemein liebenswürdig. Ein untersetztes, Behaglichkeit ausstrahlendes Paar, das Barbara weitaus älter erschien als ihre eigenen Eltern. Vermutlich waren sie es gar nicht, aber sie hatten etwas so Gesetztes, so Wohlhabendes an sich, als seien alle wichtigen Probleme für sie zufriedenstellend gelöst, und als hätten sie nicht vor, sich noch mit irgendwelchen anderen einzulassen. Mochte Mrs. Obemeyer ihre Wohnungseinrichtung unausgesetzt ändern — sie selbst schien unveränderlich zu sein und der Mann an ihrer Seite nicht minder. Das gab ihnen etwas Altes.

Als sie zu Barbara kamen oder richtiger, als Barbara zu ihnen kam — das Ganze vollzog sich ähnlich wie bei einem offiziellen Empfang —, sagte sie: „Meine Mutter läßt Sie grüßen."

„Ah, ja", sagte Mrs. Obemeyer, „bitte grüße sie auch von mir. Kennst du Mrs. Perry, Jim? Nein? Eine ganz reizende Frau — das reine Quecksilber." Sie sah Barbara an. „Ich sage ihr das auch ganz unumwunden, weißt du. Das reine Quecksilber!" Barbara fand, daß man so etwas Hübsches ruhig jemanden ins Gesicht sagen konnte, dann aber fiel ihr ein, daß es bei Mrs. Obemeyers Weltanschauung etwas Zweifelhaftes ausdrücken könnte.

Sie lächelte. „Ja, wirklich eine ganz reizende Frau", wiederholte Mrs. Obemeyer, als wolle sie den Vergleich mit dem Quecksilber auslöschen. „Und immer ist sie bereit, von allen das Beste zu denken." Wieder sah sie aus, als habe sie etwas doch nicht ganz Angenehmes gesagt. „Also, richte ihr bitte meine Grüße aus", widerholte sie ein wenig hastig und gab Barbara der kleinen Gesellschaft zurück.

Auch im Spielzimmer brannte ein Feuer — ein offenes Feuer in einem großen Kamin, über dem der dicke Kopf eines Grislybären mit einem schauderhaften Grinsen herabstarrte. Barbara begriff sofort, warum Andrew nicht oft hierherkam. Es hingen noch verschiedene andere Köpfe an den tannenholzverkleideten Wänden, hauptsächlich von Rehen und Hirschen, und auf dem Fußboden lag ein Tigerfell. Nein, Andrew konnte es hier nicht gefallen. Ein Ping-Pong-Tisch stand an einem Ende des Raumes und füllte ihn keineswegs aus. Da war eine ausladende Bar, auf der Eisbehälter, alkoholfreie Getränke und Schalen voll Erdnüssen und Puffreis prangten. Davor war ein halbes Dutzend Barhocker aus Chromstahl und rotem Leder aufgereiht. Es gab einen Plattenspieler und ein Klavier. Der Fußboden glänzte, und an einer Seite war eine Art Bocciaspielfeld darin eingelassen. Außer den Tierhäuptern wiesen die Wände noch Holzschilder auf mit Aussprüchen wie etwa „Die Meinung des Ehemanns in diesem Haus ist nicht unbedingt die der Betriebsführung" und „Denke oder — schwimme" oder „Ehe du diesen Ort im Zorn verläßt, geh' lieber gleich!" An einer Wand entlang lief etwa in Augenhöhe ein Bord, das mindestens hundert verschiedene Bierkrüge trug. Vor den Fenstern hingen Bambusvorhänge, die mit knallbunten Kinderfarben bekleckst waren, in steifen Falten. Dieser Raum mochte ruhig im unterirdischen Teil des Hauses liegen — man konnte ihn nicht anders bezeichnen als ‚Spielzimmer'.

Margaret und Randy waren dabei, Schallplatten aufzulegen, während Max, Pete, Alice und Sonia dem Ping-Pong-Tisch zustrebten. Bud und Jeff standen am Kamin und drehten die Hände vor dem Feuer; Jeff redete unermüdlich, und Bud hörte mit seinem leisen, scheuen Lächeln zu. Er sah einmal zu Barbara hinüber, machte eine Bewegung, als wolle er zu ihr gehen, wurde aber von Jeffs Stimme zurückgehalten.

„Magst du eine Cola?" fragte Connie Frost und trippelte auf sie zu. „Um ehrlich zu sein, mit Mrs. Obemeyer zu reden, macht mich durstig."

Barbara ging mit Connie an die Bar hinüber, und sie kletterten auf die hochbeinigen, verchromten Hocker. Connie plauderte in ihrer hellen leichten Stimme munter drauf los. „Hast du bemerkt, wie sie uns zu erkennen gab, daß sie beide durchaus ‚da‘ sein werden — ohne es wirklich auszusprechen? Die Obemeyers gehen nie fort, wenn Margy eine Party gibt. Und meine Leute auch nicht. Nicht mehr."

„Wieso nicht mehr?"

„Im vorigen Sommer habe ich eine Wassermelonen-Party gegeben, Vater und Mutter gingen aus, und die Jungen benahmen sich fürchterlich. Sie warfen überall mit Wassermelonen herum, einer machte eine Lampe kaputt. Wir waren wütend. Die Mädchen, meine ich. Vor allem, weil wir am nächsten Tag alles wieder in Ordnung bringen mußten." Sie quirlte ihre Cola mit einem Strohhalm, tippte mit einem Finger auf das Eis und schnitt eine Grimasse.

„Diese selben Jungen?" meinte Barbara ungläubig, aber ein Teil ihres Ichs beschäftigte sich rasch damit, an das Wassermelonen-Fest, an die vielen Parties und Feste überhaupt zu denken, die während all dieser Jahre stattgefunden hatten. Niemals war sie dabei gewesen und hatte nur ganz zufällig durch den Schulklatsch etwas davon erfahren. Na, jetzt bist du immerhin hier, schalt sie sich selber aus. Hör endlich auf, an das Vergangene zu denken ...

Connie sah sich im Zimmer um. „Außer Bud und Pete. Die andern sind die reinsten Wilden, nichts anderes. Seither haben sie sich allerdings gebessert, das muß man sagen. Mein Vater ließ jeden einzelnen zu sich kommen und redete ein ernstes Wort mit ihm. Und wenn mein Vater mit jemanden redet, so ist das kein zartes Geflüster", meinte sie ernsthaft. „Es tat mir ein bißchen leid für Randy, aber die anderen haben's verdient."

„Wieso denn besonders für Randy?" War ihre Stimme unsicher, als sie seinen Namen aussprach? Da stand er drüben bei Margaret und lachte. Er sah so blond, so stark aus, so ... so anziehend. Heute nachmittag war ich in ihn verliebt. Und nun? Mit einem Ruck wandte sie sich wieder Connie zu, um mehr über ihn zu erfahren.

„Nun ja, Randy beteiligte sich eigentlich nicht an dem Durcheinander, er wußte ja auch, was ihm sonst von seinem Vater geblüht hätte. Na, und dann hat er's von meinem Vater doch abgekriegt. Aber er hat kein Wort verraten, um selbst ungeschoren davonzukommen. Schweigen heißt das Losungswort — man läßt seine Bande nicht im Stich und all der Unsinn, an den die Jungen angeblich glauben. Sie sind Halbbrüder, weißt du. Ich meine Daddy und Randys Vater, Onkel George. Er ist viel strenger als Daddy, und Daddy hat auch seine weichen Seiten. Mummy meint immer, es kommt von den strikten Grundsätzen, die sie beide haben, damit jagen sie den Leuten einen solchen Schrecken ein, aber Daddy ist nicht halb so schlimm, und mindestens redet er doch gelegentlich einmal. Das heißt, wenn Mummy und ich ihn überhaupt dazu kommen lassen", meinte sie kichernd. „Wir reden beide leidenschaftlich gern. Langweilt dich das alles?"

„Nicht im geringsten", sagte Barbara, und das war vollkommen ehrlich gemeint.

„Gut, und daher ... was wollte ich doch rasch sagen?" Sie wartete gar nicht erst ab, bis sie den Faden wiedergefunden hatte. Es hatte den Anschein, als sei sie nie um einen Gesprächsgegenstand verlegen, „Ja, und Tante Marian — das ist Randys Mutter — hat sich irgendwie unterkriegen lassen von alledem, und wem wäre das schließlich nicht passiert bei einem Mann mit so vielen Grundsätzen, und der außerdem noch nicht einmal redet. Ich wette, daß bei Randy zu Hause Tage vergehen, ohne daß irgend jemand auch nur ‚Buh!' sagt! Ich könnte das jedenfalls nicht aushalten, glaube ich", meinte sie sinnend. „Wie kommt es übrigens, daß du heute abend hier bist? Ich find's fein, daß du da bist, so ist es nicht, und es war doch ein Mordsspaß neulich beim Weihnachtssingen, fandest du nicht? Ich wollt's bloß mal wissen."

Merkwürdig, aus Connies Mund störte Barbara diese Frage gar nicht. Connie schien ohne jede Hinterlist zu sein. Es fiel Barbara ein, daß Katy einmal von ihr als dem ‚Bli-Bla-Blondchen' gesprochen hatte. „Jeder stolpert

einmal in seinem Leben über so ein Blondchen", hatte
sie gesagt, „und man kann nichts anderes tun, als abwarten und hoffen, daß es wieder daraus verschwindet."
Sie hatte damit zum Ausdruck bringen wollen, daß diese
naiven Blondinen meist auch dumm seien. Aber ich weiß
nicht recht, dachte Barbara nun. Ich glaube nicht, daß
Connie dumm ist. Sie hat ein loses Mundwerk, das stimmt
schon. Ich wette, daß sie ihren Vater gelegentlich wild
macht und ihre Mutter, der sie so sehr gleicht, nicht minder. Aber ich möchte auch wetten, daß sie sich beide
nichts daraus machen, und nach einer Weile bringen sie
ihren Vater bestimmt zum Lachen, und dann fährt er
ihnen über die Blondköpfe und muß sie gern haben.

„Ich weiß auch nicht, wie es dazu gekommen ist", sagte
sie langsam. „Jedenfalls freue ich mich darüber." Es fiel
ihr ganz leicht, das auszusprechen, und außerdem stimmte
es ja auch. Sie hatte nicht im mindesten das Gefühl, daß
sie sich gegen Connie zur Wehr setzen mußte, so wie sie
es bei Sonia oder Alice Ordway hatte (die heute abend
noch nicht ein Wort mit ihr gesprochen hatte), sie empfand auch kein Mißtrauen wie bei Max oder Jeff.

„Ja, ich freue mich auch", sagte Connie und griff an
ihr vorbei nach dem Puffreis. „Bitte, mißversteh' mich
nicht, aber ich bin neugierig wie eine Katze. Daddy meint
immer, sie wird mich noch einmal umbringen — meine
Neugier, meine ich. Ich nehme an, daß Margaret ein Mädchen mehr brauchte, weil sie doch Bud eingeladen hatte.
Sie hat sich eigentlich erst gestern zum ersten Male mit
ihm getroffen, aber ich glaube, sie mag ihn tatsächlich sehr
gern, und ich muß schon sagen, er ist zauberhaft, findest du
nicht?"

Barbara, die bisher nicht dieser Ansicht gewesen war,
blickte rasch zu Bud hinüber und fand, daß er wirklich
einen ganz besonderen Zauber hatte. Da stand er —
schmal, ein wenig schüchtern, mit seinem stillen dunklen
Gesicht, über das rasch ein Lächeln hinflog.

„Er ist nicht mein Typ", fuhr Connie fort, und ihr
Blick glitt zu Jeffs kräftiger Gestalt hinüber. „Keine Frage
— je größer einer ist, desto mehr verknalle ich mich in
ihn. Im vergangenen Herbst hat er sich vorübergehend mal
für Alice interessiert." Wen sie jedesmal mit ihrem „er"

und „sie" meinte, mußte man aus dem Zusammenhang erraten; sie selbst gab sich keine Mühe, alles säuberlich auseinanderzuhalten. Eine kleine Falte erschien auf ihrer Stirn, als sie zum Ping-Pong-Tisch hinübersah, wo das Spiel unter fröhlichem Lärm vor sich ging. Alice schmetterte die Bälle scharf aus dem Handgelenk, und Max versuchte, völlig außer sich, sie zu parieren. Die anderen beiden sahen zu. Der zarte, klare Laut des Ping-Pong-Balls, der vom Schläger auf den Tisch und wieder auf den Schläger traf, drang durch die Musik und das Knacken und Knistern des Feuers. Ein ganz unvergleichlicher Laut, dachte Barbara. Sie beobachtete Alice, die sich anmutig und kraftvoll mit schwingendem Rock hin und her bewegte. Sie hatte einen vollen, ein wenig mürrischen Mund. Die Fülle ihrer kastanienbraunen Locken hatte sie mit Kämmen und Spangen gebändigt. Während sie einen Ball von Max parierte, griff sie lässig nach einem Kämmchen, um es zurückzustecken, und ihm entfuhr ein Wutschrei.

„Hat es dir was ausgemacht?" wollte Barbara wissen. Connie schien persönliche Fragen geradezu herauszufordern und nahm es keinesfalls übel, wenn man sie stellte.

„*Ausgemacht?*" jammerte sie. „Ich dachte, ich müßte sterben, und ich konnte es kaum durchstehen. Noch niemals hatte mich irgend jemand so schmählich behandelt."

„Wer hat dich schmählich behandelt?" fragte Jeff, der neben ihr aufgetaucht war, und legte ihr die Hand auf die Schulter.

Connie wandte ihm das Köpfchen zu und sprang dann von ihrem Barschemel herunter. „Laß uns tanzen, Jeff." Sie hob leicht die Arme, ihr zartes Figürchen stand ganz dicht vor ihm, und sie tanzten plaudernd davon. Auch Pete und Sonia hatten den Ping-Pong-Tisch verlassen und tanzten sehr geschmeidig und gelassen eine Art Jitterbug. Barbara, die selbst gut tanzte, war fasziniert. Sie sind wirklich ... toll, dachte sie und beobachtete sie so hingegeben, daß Randy sie leicht auf die Schulter tippen mußte, damit sie ihn überhaupt bemerkte.

„Wollen wir tanzen?"

„O ja, gern."

Randy duftete frisch und sauber und ganz leicht nach einem Rasierwasser mit betont männlicher Note, obgleich er sich offensichtlich noch nicht rasierte. Er war ein geschickter, einfallsreicher Tänzer. Es war komisch, wie verschieden alle Jungen tanzten. Einige hielten einen viel zu fest an sich gepreßt, nicht weil sie gerade diesen Tanz besonders genossen, sondern weil sie einfach jedes Mädchen viel zu fest hielten. Sie störten einen geradezu, weil man unausgesetzt an sie denken mußte — nicht etwa mit Vergnügen — und einem die Musik irgendwie entging. Andere wieder hielten einen weit von sich ab und waren so sehr mit ihren eigenen Füßen beschäftigt, daß man sich ganz überflüssig vorkam. Wieder andere umfaßten ihre Tänzerin locker, wobei ihre Finger das Kleid im Rücken rafften, was einem das Gefühl gab, als hänge man wie eine Marionette an Schnüren. Und einige tanzten wie Randy — allerdings niemand, fand sie, so gut wie er: sie hatten einen ganz leicht, aber sicher im Arm, so als mache ihnen das Tanzen Spaß und als freuten sie sich darüber, daß sie gerade diese Partnerin hatten. Alle guten Tänzer vermittelten einem dieses Gefühl, obwohl sie einen meist recht bereitwillig stehenließen, sobald der Tanz vorbei war. Jedenfalls, gestand sie sich ein, war es ihr so ergangen. Sie stellte das ohne eine Spur von Selbstmitleid fest, fragte sich, woher das wohl auf einmal kam, blickte auf und merkte, daß Randy sie ansah. Es kommt daher, daß ich mich sicher fühle. Ich kann jetzt an diese Dinge denken, weil Randy mich nicht als Mauerblümchen behandelt und weil ich mich nicht fragen muß, wer wohl später mit mir tanzen wird.

„Das war doch lustig heute nachmittag", meinte Randy.

„Ja, sehr", sagte sie heiter und vergaß ihren Zorn und ihr Weh und das Gefühl der Verlassenheit, sie vergaß ihren Wutausbruch gegen ihre Eltern und ihre Brüder. Ja, es war sehr vergnüglich gewesen. Ein schöner Nachmittag mit Schnee und Gelächter, mit Kakao und guter Unterhaltung, ein Nachmittag, an dem sich alles verändert hatte, alles neu geworden war, an dem sie einen Schritt vorwärts getan hatte.

„Ich finde deine Familie großartig", sagte er. Und sie nahm diese Äußerung ernsthaft, verständnisvoll, mit Vergnügen auf. Plötzlich spürte sie eine Regung aus Mitleid und Zuneigung für diesen Jungen, der ein Zuhause hatte, wo man zwar Prinzipien, aber keine Wärme kannte, der sich die Familienaussprüche aus der Kindheit immer wieder hersagte und sie andern mitzuteilen versuchte. Einen Augenblick wurde ihr Blick feucht vor Dankbarkeit, daß sie und die Ihren ihm wirklich etwas zu geben hatten, und daß ihr die Gelegenheit geschenkt worden war, es ihm anzubieten.

„Ich hoffe, du besuchst uns wieder", sagte sie. „Ich meine — oft."

„Da sei ganz unbesorgt", meinte er mit einem Lächeln. „Das habe ich mir fest vorgenommen."

Sie lachten beide, ein klingendes junges Lachen, in dem so viel Freude mitschwang, daß die anderen sich nach ihnen umwandten. Und Barbara wirbelte mitten unter ihnen einher und betrachtete sie alle: Sonia und Alice, die sie beide nicht sonderlich mochten (aber vielleicht würden sie es auch einmal tun, und was macht es schließlich, wenn nicht?), Max und Pete, die sie kaum kannte (aber vielleicht einmal näher kennenlernen würde), Margaret und Connie und Bud, die sie leiden mochten (und das brauchte sie nun nicht mehr in Frage zu stellen und zu begrübeln). Und dann sah sie wieder Randy an. Sein Arm umfaßte sie ein ganz klein wenig fester. Sie tanzten.